KB045071

사람
경영

사람
경영

스티븐 로빈스Stephen P. Robbins 지음
오인수 · 김성수 · 이종구 옮김

시그마북스
Sigma Books

사람 경영

발행일 2016년 3월 2일 초판 1쇄 발행
2016년 9월 1일 초판 2쇄 발행
지은이 스티븐 로빈스
옮긴이 오인수 · 김성수 · 이종구
발행인 강학경
발행처 시그마북스
마케팅 정제용, 한이슬
에디터 권경자, 장민정, 신미순, 최윤정
디자인 최희민, 윤수경

등록번호 제10-965호
주소 서울특별시 영등포구 양평로 22길 21 선유도코오롱디지털타워 A404호
전자우편 sigma@spress.co.kr
홈페이지 http://www.sigmabooks.co.kr
전화 (02) 2062-5288~9
팩시밀리 (02) 323-4197
ISBN 978-89-8445-780-5(03320)

The Truth About Managing People

Authorized translation from the English language edition, entitled THE TRUTH ABOUT MANAGING PEOPLE: PROVEN INSIGHTS TO GET THE BEST FROM YOUR TEAM, 4th Edition, 9780134048437 by ROBBINS, STEPHEN P., published by Pearson Education, Inc, publishing as Pearson FT Press, Copyright ©2015 Pearson Education, Inc.

KOREAN language edition published by SIGMA PRESS, INC., Copyright ©2016.
Sigma Books is a divisions of Sigma Press, Inc.

이 도서의 국립중앙도서관 출판예정도서목록(CIP)은 서지정보유통지원시스템 홈페이지(http://seoji.nl.go.kr)와 국가자료공동목록시스템(http://www.nl.go.kr/kolisnet)에서 이용하실 수 있습니다.(CIP제어번호: CIP2016003219)

* 시그마북스는 ㈜시그마프레스의 자매회사로 일반 단행본 전문 출판사입니다.

지도자란 **희망을 파는 상인**이다.

– 나폴레옹 –

관리자들을 대상으로 한 사람관리에 관한 서적은 항상 넘쳐난다. 관리자들은 사람관리에 관해서 컨설턴트, 교수, 비즈니스 전문기자, 그리고 경영학의 태두들로부터 수많은 조언의 폭격을 받고 있다고 해도 과언이 아니다. 하지만 그중 상당수의 조언은 과대 일반화된 것이고, 애매모호하며, 일관성이 없고, 매우 피상적이다. 심지어 몇몇 조언들은 사실보다는 의견에 기반한 것이다. 또한 어떤 조언들은 매우 복잡하고 난해하며, 실제 유용한 조언이라기보다는 매우 이론적인 내용들도 있다.

『사람 경영』은 의견이 아닌 믿을 만한 연구 증거에 기반한, 효과적인 사람관리를 위한 가이드북이다. 나는 지난 45년간 조직에서 사람관리에 관해 가르쳤고, 저술 활동을 해왔다. 이러한 활동에 대한 노력의 일환으로 나는 인간 행동에 관한 수천 건의 연구물을 독파했다.

나는 이 책에서 조직 내 효과적인 사람관리에 관한 진실을 관리자들에게 분명하고 간결하게 제공하고자, 기존 연구 결과물의 난해한 내용과 전문용어를 쉽게 요약했다. 특히 관리자들이 직면하는 사람관리에 대한 여러 문제를 핵심 영역별로 나누어 연구 결과물을 정리했다. 그러한 영역은 다름 아닌 채용, 동기부여, 리더십, 의사소통, 팀 구축, 갈등관리, 성과 평가, 변화에 대한 대처이다. 그리고 각 영역마다 관리자들에게 새로운 직관과 의미를 줄 수 있는 주제를 선별했고, 이러한 주제와 관련된 믿을 만한 연구 결과물을 찾아 그 핵심 내용을 요약했다. 또한 관리자로서의 효과성을 증진시키는 데 유용하게 사용할 수 있는 제안과 조언도 추가했다. 특히 이번 판에는 피플 스킬, 정서 지능, 열정, 멘토링, 언제 팀제가 필요한가?, 근로자의 비행 행동, 창의적 직원 만들기 등에 대한 7가지 진실이 새로이 추가되었고, 기존의 내용들도 새롭게 업데이트했다.

이 책은 어떤 독자를 대상으로 쓰였는가? 현재 관리자로서 역할을 수행하는 사람이나 관리자가 되기를 열망하는 사람들을 위해 이 책을 저술했다. 다시 말해, 한 조직의 CEO를 비롯해 관리자가 되기를 원하는 모든 사람이 이 책을 통해 도움을 얻을 수 있다고 확신한다. 나는 이러한 사람들이 사람관리에 관한 진실을 알기 위해서 굳이 인사관리나 조직행동론과 같은 두꺼운 교재를 꼼꼼히 읽을 필요가 없다고 생각한다. 또한 일류 대학의 임원 개발 과정에 참여할 필요도 없다고 생각한다. 이 책을 통해 여러분이 얻을 수 있는 정보의 양은 현재 여러분이 조직행동에 관해서 알고 있는 지식의 양에 따라 매우 큰 차이가 날 것이다. 예를 들어, 최근에 MBA 학위를 취득한 사람들은 이 책이 그들이 수개월 간 학습한 내용의 아주 간결한 요약이라고 생각할 것이다. 반대로, 조직행동에 대해서 문외한이거나 이와 관련한 공식적인 교육을 받은 경험이 거의 없는 사람은 이 책이 조직에서의 사람관리에 관해 많은 직관을 주고 있다고 믿을 것이다.

　이 책은 사람관리에 관한 62가지 진실이 각각 하나의 장으로 구성되어 있다. 각 장은 서로 독립된 내용들이다. 따라서 어떤 특정한 순서에 따라 이 책을 읽을 필요는 없다. 무엇보다도 한자리에 앉아서 이 책을 독파하려고 노력할 필요가 전혀 없고, 나 또한 그런 방법을 추천하지 않는다. 시간이 날 때마다 조금씩 읽으면서 독파하면 된다. 먼저 시간이 나는 대로 몇 장만 읽어보길 바란다. 그리고 시간이 나면 또 몇 장을 더 읽어보길 바란다. 이 책에는 일관성 있게 유지되는 계속적인 스토리가 없다.

　마지막으로 이 책이 팀 프로젝트의 결과물임을 밝혀둔다. 책 표지에는 단 한 명의 이름만 있지만 수많은 사람이 이 책이 출간되기까지 큰 도움을 주었다. 도와준 모두에게 고마움을 전한다.

스티븐 로빈스

| 차 례 |

PART 03 **리더십**에 관한 진실

채용에
관한 진실

진실 01

피플 스킬이
중요하다

관리자로서 성공하는 데 꼭 필요한 '결정적인 요소'란 것이 있을까? 하버드나 스탠포드의 MBA일까? 법, 컴퓨터공학, 혹은 회계학 같은 특정 분야에 대한 전문성일까? 이 질문에 답하자면, 관리자로서 성공하는 데 필요한 결정적인 요소가 있으며, 그것은 바로 훌륭한 대인관계 즉 '피플 스킬'이라고 말하고 싶다. 특정 분야에 대한 전문성은 분명 직무를 성공적으로 수행하기 위한 필요조건은 맞지만, 충분조건은 아니다. 탁월한 피플 스킬은 조직에 어떤 직원을 채용하고, 승진시키고, 잔류시킬지 여부를 결정하는 데 있어서 더욱 중요한 요인으로 여겨지고 있다.

그렇다면 피플 스킬이란 무엇인가? 이에 대한 의견은 분분하지만 대개 의사소통, 리더십, 동기부여, 협상, 갈등 해소, 협력 등과 같은 대인관계에 필요한 요소들을 말한다. 최근에는 피플 스킬에 관한 정의가 대면적 상호관계를 넘어서 온라인상의 의사소통까지 확장되고 있는 추세이다.

최근의 연구 자료들을 보면, 수많은 기업에서 훌륭한 대인관계 스킬을 가진 인재를 채용하고자 노력하고 있는 것을 알 수 있다. 몇 가지 사례를 살펴보자.

> 수많은 기업이 훌륭한 피플 스킬을 가진 인재를 채용하고자 노력하고 있다.

미국의 최고재무책임자CFO 1,440명을 대상으로 다음 같은 질문을 던졌다. "재무 분야에 한 자리 공석이 생겨 면접을 진행했는데 두 지원자가 여러 면에서 비슷한 실력이라면, 재무 분야의 지식, 피플 스킬, 관련 분야의 지식, 학위, 다중언어 능력, 해외 경험 중 어떤 것을 가장 중요하게 고려하겠는가?" 절대 다수의 선택은 바로 피플 스킬이었다.

근로자 330명을 대상으로 한 설문 조사에 따르면, 96%의 응답자가 의사소통과 피플 스킬이 성공하는 근로자의 가장 중요한 특성이라고 대답했다.

유럽 32개국 500명 이상의 비즈니스 리더를 대상으로 한 설문 조사에 따르면, 효과적인 피플 스킬이 학벌이나 비즈니스 감각보다 채용 시 훨씬 더 중요한 요소로 평가되었다.

왜 기업들은 피플 스킬이 뛰어난 인재를 채용하는 데 많은 노력을 기울일까? 이에 대한 대답은 일을 수행하는 방식의 변화에서 찾을 수

> 오늘날의 근로자들에게는 이전보다 직장에서 협력이 필요한 일이 훨씬 더 많아졌다.

있다. 오늘날의 근로자들에게는 이전보다 직장에서 협력이 필요한 일이 훨씬 더 많아졌다. 자연히 근로자 간에 상호 작용이 빈번해졌으며, 근로자 간의 성공적인 상호 작용은 피플 스킬에 의해 좌우된다. 즉, 오늘날의 직장에서는 근로자들이 상사뿐만 아니라, 팀의 일원으로서 다른 동료들과 협력해야 하는 경우가 많아졌다. 일을 수행해가는 과정에서 다른 팀원과 의사소통을 나누며, 적극적인 경청자가 되어야 하고, 피드백을 주어야 하며, 발표를 하고, 협상을 해야 하며, 자신들이 훌륭한 팀 플레이어가 될 수 있음을 증명해야 한다. 여기에서 더 나아가 근로자들은 고객, 협력사, 그리고 다른 회사 사람들과도 빈번히 일해야 한다. 따라서 자신의 분야에 대한 전

문성이 아무리 뛰어나다고 해도 다른 사람들과 일을 원활히 할 수 없다면, 즉 피플 스킬이 부족하다면 그들의 직무 성과는 상당히 지장을 받을 수밖에 없다.

이처럼 근로자들에게 중요한 피플 스킬은 관리자나 관리자가 되고자 하는 이들에게는 더욱 중요한 요소다. 직원들의 성과가 높고 이직률이 낮은 부서를 이끌고 있는 성공한 관리자들에 대한 연구에 따르면, 이들은 뛰어난 피플 스킬을 가지고 있다. 예를 들어 미국 전역에서 다양한 직종의 근로자들을 대상으로 한 설문 조사에 따르면, 임금이나 복리 후생이 직무의 만족도나 이직을 결정하는 가장 중요한 이유가 아니라는 결과가 나왔다. 이보다 더 중요한 것은 바로 직무의 질적 가치와 직장에서 (상사로부터) 느끼는 지지(지원)의 정도였다. 다시 말해, 훌륭한 피플 스킬을 가진 관리자들은 직장을 더 즐거운 곳으로 만들며, 이는 훌륭한 직원을 채용하고 유지하는 데 큰 도움이 된다.

역자 주: 조직의 지원에 관한 연구에 따르면, 부하들은 상사가 자신의 행복과 안녕에 신경을 써주고, 자신의 가치를 인정해준다는 생각이 들 때, 조직으로부터 지지(지원)를 받는다고 믿게 되며, 이에 대한 보답으로 조직에 대한 충성과 조직시민행동을 증가시킨다. 이는 근로자들이 관리자를 통해 조직을 바라본다는 견해와 일치한다.

진실 02

첫인상이
중요하다

어떤 사람을 처음 만날 때, 우리는 그 사람에 관한 여러 가지 사실에 주목한다. 예를 들어 외모, 복장, 악수할 때 손의 악력, 몸짓, 목소리 톤 등이다. 그런 다음 그 사람을 우리 머릿속에 저장된 어떤 범주의 인간 유형에 분류해 넣는다. 그리고 이처럼 최소한의 정보에 기초해 짧은 시간 안에 형성된 초기 범주화는 이후에 들어온 다른 정보나 인상보다 더 오랫동안 강한 가중치를 갖는다.

심리학자들은 이러한 첫인상의 파워를 초두효과Primacy Effect라고 명명한다. 이것은 첫인상이 인상 형성에 중요한 영향을 미치는 것을 의미한다. 다른 사람을 평가할 때, 이 초두효과는 매우 높은 가중치를 갖는다. 그런데 중요한 것은 이러한 첫인상이 별로 정확하지 않다는 사실이다.

그럼에도 불구하고 왜 우리는 첫인상에 강하게 의존하는 것일까? 기본적으로 우리는 지름길을 찾는 '인지적 구두쇠Cognitive Miser'들이다. 새로운 사람을 만날 때, 우리는 그 사람을 범주화해서 그 사람에 대한 정보를 빨리 처리하고자 한다. 결국 우리가 첫인상에 집착하는 경향이 바로 오류의 원인이 된다. 첫인상과 상충하는 정보가 이후에 들어오게 되면, 우리는 그러한 정보를 격하하거나 첫인상을 유지하는 방향으로 해석한다. 심지어 잘

못 해석하고 무시하기까지 한다.

첫인상이 미치는 영향에 대해 알 수 있는 대표적인 사례로 채용 면접을 들 수

첫인상과 상충하는 정보가 이후에 들어오게 되면, 우리는 그러한 정보를 격하하거나 첫인상을 유지하는 방향으로 해석한다. 심지어 잘못 해석하고 무시하기까지 한다.

있다. 이와 관련된 연구 결과들은 첫인상이 중요하다는 사실을 증명한다. 좀 더 자세히 이야기하면, 먼저 처리된 정보가 이후에 들어온 정보보다 판단에 강한 영향을 미친다.

또한 지원자의 외모에 대한 연구는 첫인상의 파워를 확증해준다. 실제 면접에서 지원자가 면접장으로 들어오는 걸음걸이, 면접관과의 인사, 앉는 자세, 처음 건네는 인사말 등을 바탕으로 면접 초기에 면접관들이 지원자에 대해 내린 평가를 살펴보았다. 지원자의 걸음걸이, 말투, 복장, 심지어 외모가 지원자에 대한 평가에 큰 영향을 미쳤다. 그중 얼굴의 매력도가 특별히 강력한 영향원이다. 매우 매력적으로 보이는 지원자는 그렇지 않은 지원자보다 다양한 직무에 걸쳐서 보다 좋은 평가를 받았다.

긍정적인 첫인상은 면접 자체를 새롭게 변형시키기도 한다. 지원자에 대한 긍정적인 인상은 면접관으로 하여금 보다 유쾌한 방법으로 이야기하게 하고 보다 덜 위협적인 질문을 하게 만든다.

면접을 마친 후 지원자에 대한 최종 평가를 살펴보면, 면접 전 인상에 대한 평가와 거의 유사하다는 연구 결과가 나왔다. 다시 말해, 면접 중 이루어진 실제적 평가와 상관없이 첫인상이 면접관의 최종 평가에 상당한 가중치를 갖는다는 것이다. 물론 이러한 사실은 면접 중 매우 부정적인 정보가 발생하지 않았다는 사실을 가정한 것이다.

면접 프로세스와 관련한 수많은 연구 결과를 바탕으로 첫인상이 면접 결과에 매우 강한 영향력을 미친다는 것을 알 수 있다. 채용 시 편파되지 않은 정보를 얻기 위해 면접을 이용하는 것이 아니라, 면접관들이 단순히 첫인상을 확증하고자 이러한 면접 프로세스를 이용한다고 해도 과언이 아닐 정도다.

그렇다면 관리자의 입장에서 첫인상의 오류를 줄이기 위해 할 수 있는 것은 무엇이 있을까? 첫째, 성급하게 어떤 판단을 내리는 것을 피하는 것이다. 누군가를 처음 만났다면 가급적 중립적이고자 노력하라. 또한 결론을 내리기 전에 충분한 시간을 가질수록, 그 사람을 더욱 잘 알게 되고 여러분의 판단도 보다 정확해질 것이다. 둘째, 첫인상과 상충되는 정보도 받아들일 수 있도록 마음을 열어두는 것이다. 첫인상은 그 사람에 대한 정확성을 검증하는 과정 중에 있는 하나의 가설일 뿐이라고 다짐하자.

역자 주: 첫인상도 중요하지만, 마지막 인상도 매우 중요하다. 심리학적으로는 이를 '최신효과Recency Effect'라고 한다. 이는 뒤에 나오는 진실 55에서 가용성 편파Availability Bias로 소개하고 있는데, 이러한 편파는 최근의 정보가 인간의 머릿속에서 더욱 생생하고 쉽게 가용되기 때문에 발생한다. 인간은 의사결정 시 머릿속에서 쉽게 가용되는 정보에 더 가중치를 두는 경향이 있다. 따라서 면접에 들어갈 때의 첫인상과 면접이 끝나고 나올 때의 마지막 인상을 모두 잘 관리해야 한다.

진실 03

특성보다
행동이
중요하다

여러분이 공석인 어떤 자리를 메우기 위해 여러 지원자들을 면접하고 있다고 생각해보자. 어떤 지원자를 채용하고자 하겠는가? 보통의 관리자라면 '열심히 일하는, 끈기 있는, 자신감 있는, 그리고 믿을 만한' 특성을 가진 지원자를 채용하고자 노력할 것이다. 그런데 이러한 노력이 헛수고가 될 수도 있다. 이는 앞서 말한 특성들이 그 지원자의 미래 직무 성과를 항상 잘 예측해주는 것은 아니기 때문이다.

대부분의 사람들은 특성이 행동을 예측하는 힘이 있다고 강하게 믿는다. 상황에 따라 사람들이 평소와는 다른

> 우리는 행동보다 특성으로 사람을 분류하는 경향이 있다.

행동을 하기도 한다는 것을 잘 알면서도, 우리는 행동보다 특성으로 사람을 분류하는 경향이 있다. 그리고 심지어 이러한 특성에 대해 판단하고(예를 들어, 자기 확신에 찬 것은 '좋고', 유순한 것은 '나쁘다'는 식), 분류된 특성을 근거로 사람들을 평가한다.

특히 관리자들이 채용을 결정하거나 현직 부하들을 평가할 때, 이러한 오류를 자주 범한다. 하지만 이는 관리자들이 상황이 행동을 절대적으로

결정한다고 믿거나, 임의적으로 사람을 뽑아 그들의 장점에 맞추어 상황을 구조화시켜야 한다는 주장과 같은 극단적 오류이다. 그런데 이와 같은 사실에도 불구하고 대부분의 조직에서 실행하는 채용 프로세스는 특성을 과도하게 중요시한다. 면접이나 심리검사의 결과를 채용 결정 시 중요하게 여기는 관행에서도 이러한 사실을 잘 알 수 있다. 면접 중에 관리자들은 그들이 '좋은' 부하라고 생각하는 특성을 가진 이가 있는지 알아보고자 지원자들을 면밀히 관찰하거나 지원자들의 말을 경청한다. 심리검사 또한 어떤 지원자가 '좋은 부하의 특성'을 더 많이 가지고 있는지 알아보기 위해 사용된다.

채용 프로세스에서 특성을 이용하는 데 신중해야 하는 이유는 다음 2가지의 문제점이 있기 때문이다. 첫째, 조직의 실제적 상황은 종업원의 행동에 상당한 영향을 미치는 '강한 상황'이라는 것이다. 둘째, 사람들은 상황에 매우 잘 적응하며, 성격 특성은 조직의 상황에 따라 변할 수 있다는 것이다.

좀 더 자세히 이야기하면, 사람의 행동을 설명하는 데 있어 상대적으로 '약한 상황'에서는 특성의 영향력이 강할 수 있지만, 상대적으로 '강한 상황'에서는 특성의 영향력이 약할 수밖에 없다. 그런데 대부분의 조직은 일반적으로 수용 가능한 행동을 정의하고, 예외적인 행동을 처벌하는 규칙과 규정이 있으며, 적절한 행동인지 아닌지를 판단하는 비공식적 규범이 있기 때문에 매우 '강한 상황'이다. 결국 이러한 공식적 및 비공식적 제약 요인들로 인해 각기 다른 개인이 보유한 특성의 영향력은 극소화될 수밖에 없다. 이와는 대조적으로 마음 편히 참석할 수 있는 소풍, 파티 등과 같은 비공식적 모임들은 대표적인 '약한 상황'이므로, 이러한 상황에서는 성격 특성을 통해 개인의 행동을 상당히 잘 예측할 수 있다.

일반적으로 성격 특성은 시간이 지나도 잘 변하지 않고 매우 안정적이지만, 종업원의 성격 특성은 그들이 몸담고 있는 조직에 따라 변할 수 있다는 증거가 계속 늘어나고 있다. 더욱이 사람들은 각기 다른 구성원들로 이루어진 여러 조직(예를 들어, 동호회나 종교적·사회적·정치적 집단이나 회사)에 동시에 속해 있고, 그렇게 다른 상황에서도 자신을 적응시킨다. 이러한 사실은 사람들이 엄격하고 안정적인 성격의 틀 속에 갇힌 죄수가 아니라는 것을 말해준다. 사람들은 다양한 환경이 요구하는 조건에 맞도록 자신(의 행동)을 조정할 수 있다.

만약 특성이 미래의 직무 관련 행동을 잘 예측하지 못한다면, 관리자들은 무엇을 이용해 종업원을 채용해야 할까? 그 대답은

> 개인의 미래 행동에 대한 가장 좋은 예측치는 (유사한 상황에서의) 과거 행동이다.

바로 과거의 행동이다. 개인의 미래 행동에 대한 가장 좋은 예측치는 (유사한 상황에서의) 과거 행동이다. 따라서 면접을 진행할 때, 관리자들은 직무와 관련된 개인의 과거 행동에 초점을 맞춘 질문을 해야 한다. 예를 들면 다음과 같다. "당신의 창의성을 보여주기 위해 이전 직장에서 특별히 한 일이 있다면 말씀해주시겠습니까?" "이전 직장에서 간절히 이루고자 했지만, 이루지 못한 일은 무엇입니까? 또 그 이유는 무엇입니까?"

역자 주: 개인의 미래 행동을 가장 잘 예측할 수 있는 것은 분명 관련된 과거 행동이다. 그렇다면 과거 행동의 결정 인자는 무엇인가? 바로 특성이다. 따라서 과거 행동에 내재된 특성이 바로 미래 행동을 결정하는 근본적 결정 인자라는 점을 간과해서는 안 된다. 특성을 파악하기 어려운 경우에는 아무런 증거 없이 추측하기보다 과거의 행동을 통해 추론하는 것이 더 바람직하다. 성실성이 높은 지원자를 채용하고 싶다면, 면접 시 지원자에게 성실하냐고 묻기보다는 성실성이 필요한 상황에서 성실하게 행동했는지를 파악하는 것이 더 정확한 방법이다. 또 한 가지 간과하지 말아야 할 것이 있다. 종업원을 채용 및 평가할 때는 한 가지 특성(성실성, 지능, 직무 역량 등)을 한 가지 방법(검사, 자기 보고 설문지, 집단 토론, 개인 발표, 문제해결 시뮬레이션 등)만으로 측정하는 것보다 여러 가지 방법을 통해 다각적으로 측정하는 것이 정확하다는 것이다. 예를 들어, 문제해결 능력은 지필검사와 문제해결 시뮬레이션을 통해 잘 측정할 수 있으며, 대인관계 능력은 성격 검사와 집단 면접 등을 통해 잘 측정할 수 있을 것이다. 이러한 이유로 평가센터라는 방법이 개발되었다. 평가센터를 구축, 설계할 때는 '역량Competency Dimension × 평가 방법Exercise' 행렬 표를 먼저 개발해야 한다.

지능^{IQ}이 높은 사람을 채용해야 하는 이유

지능 ^{Intelligence}과 관련한 논쟁보다 더 뜨거운 토론과 논박을 만들어낸 주제는 거의 없다. 사람들은 다음과 같은 질문에 매우 상이하면서도 나름대로 강한 의견을 가지고 있다. IQ가 지능을 잘 나타내는 측정치인가? 지능은 학습되는가 혹은 유전되는가? 지능이 높은 사람이 낮은 사람들보다 더 성공하는가?

우리는 지능과 직무 성과 간의 관계에 이전부터 관심을 가져왔다. 구체적으로 말해서 높은 지능을 가진 사람들이 낮은 지능을 가진 동료들보다 더 높은 성과를 창출하는가? 이 주제에 관해서 매우 다양한 의견이 존재한다. 따라서 어떤 한 의견에 너무 큰 비중을 둘 필요는 없다. 관리자인 여러분은 실증적으로 확고한 증거를 구해야 한다. 그리고 이와 관련한 실증적으로 확고한 증거들이 많이 있다.

어떤 사실은 우리가 계속해온 논쟁을 넘어선다. 예를 들어 첫째, IQ 점수는 사람들이 흔히 말하는 '지적인' 혹은 '똑똑한'과 같은 단어의 의미와 상당히 관련된다. 둘째, IQ 점수는 완벽하게는 아니지만 일생에 걸쳐 상당히 안정적이다. 셋째, 적절하게 시행된 IQ 검사의 점수는 사회적, 경제적, 문화적, 혹은 인종적 집단에 따라 편향된 결과를 보이지 않는다. 넷째, 평균적으로 똑똑한 사람들이 더 탁월한 종업원이다. 나는 이러한 사실 중 몇 가지는 여러분을 불편하게 만들거나 여러분의 견해와 상충할 수 있다고 생각하지만, 이는 실증적 연구 증거에 의해 지지되는 것들이다.

평균적으로 똑똑한 사람들이 더 탁월한 종업원이다.

어떤 직무든 간에 지능이나 인지적 능력이 요구된다. 왜냐하면 논리적 추론과 의사결정을 위해서이다. 높은 IQ 점수는 새롭고, 애매하고, 빠르게 변하는 직무나 회계사, 엔지니어, 통계학자, 건축가 및 외과의사와 같이 복잡한 전문적 직무의 성과와 높은 상관관계를 보여준다. 하지만 IQ는 다소 덜 복잡한 직무의 성과도 잘 예측한다. 반면에 IQ는 일상적인 의사결정이나 단순한 문제 해결과 같이 특정한 스킬이 별로 요구되지 않는 단순 반복 위주의 직무의 성과에 대해서는 별반 타당한 예측 변수가 못 된다.

어떤 직무든 간에 지능이나 인지적 능력이 요구된다.

지능이 직무 성과에 영향을 미치는 유일한 변수는 분명 아니지만, 많은 경우 가장 중요한 변수가 된다. 예를 들어 지능은 면접, 참조인 확인Reference Check, 혹은 대학 학점보다 직무 성과를 더 잘 예측한다. 불행하게도 IQ가 가진 강력한 유전적 성분 -아마도 IQ의 70% 혹은 그 이상은 유전적이다- 때문에 IQ를 선발 도구로 사용하는 것은 쉽게 공격 대상이 된다. 비평가들은 인종에 따라 평균 IQ 점수가 많게는 15점(1 표준편차)가량 차이가 나며, 이 점수가 경제적 차이와도 밀접한 관련이 있다고 밝혀진 것에 대해서 불편해한다. 몇몇 비평가들은 IQ 점수가 불공정한 차별을 조장하므로 이를 사용해서는 안 된다는 주장을 할 때, 이러한 발견을 그 주장의 근거로 이용하기도 한다. IQ 검사가 측정하는 것이 주로 개인의 통제 밖(유전자)에 있음에도 불구하고, 적절히 시행된 IQ 검사의 점수가 특정 집단에 대해 편향된 결과를 보이지 않는다는 연구 증거가 상당히 많기 때문에 이러한 주장은 더욱 안타깝다.

우리의 결론은 경주나 전투가 강하고 기민한 쪽에만 항상 유리한 것은 아니지만, 우리는 이길 확률이 높은 강하고 기민한 쪽에 돈을 걸어야 한다는 것이다. 만약 여러분이 가장 좋은 인력을 채용하고자 한다면, 모든 다른 조건이 동일한 경우 가장 지능이 높은 사람을 채용해야 한다.

역자 주: 종업원의 지능과 그들의 직무 성과 간의 상관을 구해보면, 상관계수가 생각보다 낮게 나온다. 이는 선발 과정 중에 지능이 낮은 사람들이 대부분 탈락되었기 때문에 나타나는 범위축소Range Restriction 현상 때문이다. 예를 들어, 하버드대학에 다니는 학생들을 대상으로 그들의 지능과 학업 성적 간의 상관을 구해보면 그 상관계수가 매우 낮다. 이는 하버드대학 재학생들의 지능이 일정 수준 이상으로 높아 지능에 의한 학생들 간 변별이 잘 이뤄지지 않기 때문이다. 따라서 인사 선발자와 실무자들은 이러한 상관계수를 범위축소로 인한 편파로부터 교정하는 통계적 방법론을 사용해서, 합격자와 탈락자를 모두 포함한 지원자 집단에 적용될 수 있는 실제 지능과 직무 성과 간의 교정된 상관계수를 추정해야 한다. 또 한 가지 중요한 점은, 직무가 복잡해서 보다 많은 양의 정보 처리와 문제 해결 또는 판단을 요구할 경우, 지능은 더욱 중요한 선발 도구가 된다. 하지만 직무가 정보 처리나 문제 해결, 판단보다는 대인관계 혹은 서비스 응대를 주로 요구할 경우, 정서 지능도 중요한 선발 도구가 될 수 있다. 또한 어떤 학자들은 정서와 인지가 분리된 것이 아니라 상호 긴밀히 연결된 것으로, 정서 지능도 언어 지능, 수리 지능과 같이 일반 지능의 한 영역이라고 본다.

다른 조건이
비슷하다면
성실한 사람을
채용하라

우리는 모든 사람이 다 동일한 성격이 아니라는 것을 안다. 어떤 사람들은 조용하고 수동적이며, 또 어떤 사람들은 시끄럽고 공격적이다. 어떤 사람들은 쉽게 긴장을 푸는 반면, 또 어떤 사람들은 매우 긴장하기도 한다.

수많은 연구를 통해 사람마다 상이한 수많은 성격 특성을 설명할 수 있는 5가지 요인이 밝혀졌다. 그 5가지는 다음과 같다.

1. **외향성**Extraversion – 여러분은 외향적(활동적, 친교적)인가, 혹은 내향적(내성적, 소심한)인가?

2. **호감성/원만성**Agreeableness – 여러분은 호감적(협력적, 신뢰적)인가, 혹은 별로 그렇지 않은(호감이 가지 않고, 적대적인)가?

3. **성실성**Conscientiousness – 여러분은 상당히 성실한(책임감 있고, 부지런한)가, 혹은 별로 그렇지 않은(신뢰받지 못하고, 불성실한)가?

4. **정서적 안정성**Emotional stability – 여러분은 차분한(침착하고, 자신감 있는)가, 혹은 다소 불안정한(불안하고, 자신감 없는)가?

5. **경험에 대한 개방성**Openness to experience – 여러분은 새로운 경험에 개방적

(창의적, 호기심 많은)인가, 혹은 폐쇄적(관습적, 친숙한 것을 주로 추구하는)인가?

이상의 5가지 성격 특성과 직무 성과 간에 관계성이 있는지 살펴보기 위해 지금까지 수많은 연구가 진행되어 왔다. 연구 결과에 따르면, 성실성이 직무 성과와 관련성, 즉 타당도가 가장 높다. 구체적으로 성실성은 전문직(엔지니어, 회계사, 변호사)을 비롯하여 경찰, 판매원 등 광범위한 직종에 걸쳐 성과를 유의미하게 예측한다. 다시 말해, 성실성이 높은 사람들이 그렇지 않은 사람들에 비해 보다 믿을 만하고, 신뢰받고, 조심스럽고, 철저하고, 계획을 잘 수립하고, 부지런하고, 열심히 노력하고, 끈기가 있고, 성취 지향적이다. 그리고 성실성과 관련된 이러한 속성을 가진 사람들이 대부분의 직업에서 더 높은 직무 성과를 보인다.

> 성실성은 전문직을 비롯하여 경찰, 판매원 등 광범위한 직종에 걸쳐 성과를 유의미하게 예측한다.

따라서 만약 여러분이 직무 성과와 관련성, 즉 타당도가 가장 높은 단일한 성격 특성을 찾는다면, 성실성에서 높은 점수를 받은 사람들을 채용하면 된다. 다만, 성실성과 관련하여 주의할 점이 하나 있다. 바로 성실성 점수가 아주 높다면, 이를 경계해야 한다는 사실이다. 연구 결과에 따르면, 성실성이 아주 높은 사람은 너무 꼼꼼해서 일을 빨리 진행하지 못할 수 있다. 따라서 어떤 직무의 경우(예를 들어, 단순 반복 직무의 경우) 성실성이 아주 높은 사람이 성실성이 적절히 높은 사람보다 직무 성과가 낮을 수 있다. 또한 어

> 다른 조건이 비슷하면, 성실성에서 높은 점수를 받은 사람들을 채용하면 된다.

떤 성격 특성이건 그 점수가 지나치게 높다면, 그 점수가 실제로 높은지 아니면 반응왜곡 때문인지, 면접 등의 다른 방법을 이용해 재차 확인해야 한다.

물론 다른 성격 특성이 특정한 직무에 전혀 관련성이 높지 않다는 의미는 아니다. 예를 들어, 외향성은 관리직과 영업직의 직무 성과를 잘 예측한다는 증거가 있다. 이러한 직종은 높은 사회적 상호 작용을 요구하므로, 이러한 결과가 사리에 맞다.

몇몇 독자들은 정서적 안정성이 직무 성과와 관련성이 높지 않다는 사실에 다소 놀랄지도 모르겠다. 직관적으로 볼 때, 차분하고 자신감 있는 사람들이 불안하고 자신감 없는 사람들보다 더 높은 직무 성과를 낼 것이라 예상된다. 하지만 면밀한 조사에 따르면, 정서적 안정성에서 상당히 높은 점수를 받은 사람들만이 어떤 직무를 점하고 있다. 다시 말해, 조사 대상이 모두 다 고용된 재직자이므로 정서적 안정성 측면에서 이들이 보인 점수의 범위는 상당히 좁다. 즉 정서적 안정성이 낮은 사람들은 우선 채용되기가 매우 힘들고 채용된다고 하더라도 그 직무에 오래 머무르지 못한다.

역자 주: 이 장에서 말한 5가지 성격 특성은 보통 '빅 파이브Big Five'로 불린다. 최근의 연구 결과에 따르면, 성격 측정 시 개인에게 그들 자신의 성격을 직접적으로 물어보는 자기 보고Self-Reports 방식보다 그 개인을 잘 아는 타인(동료, 친구)에게 간접적으로 물어 보는 타인 평정Other/Informant Ratings 방식이 직무 성과를 더 잘 예측하는 것으로 나타났다. 또한 성격 측정 시 개인의 일반적/전반적 성격보다는 직장 내에서 드러나는 개인의 성격에 대해 물어보는 것이 더 효과적이다. 이는 선발/채용 시 성격 측정을 통해서 예측하고자 하는 것이 직무 성과(직장 내 행동)이기 때문이다. 즉, 성격과 성과가 동일한 맥락(직장 내)에서 측정될 때 그 관련성은 증대된다. 지능과 성실성은 모두 직무 성과를 예측하지만 그 둘 간에 상관이 거의 없기 때문에, 지능과 성실성 검사를 동시에 채용 도구로 사용하면 직무 성과에 관한 예측을 극대화할 수 있다. 최근의 성격 연구자들은 이러한 5가지 요인 이외에 정직-겸손성Honesty-Humility을 새로운 여섯 번째 요인으로 보고 있다. 정직-겸손성은 '정직한, 공정한, 사심 없는, 겸손한' 등의 성격 특징으로 요약될 수 있다. 따라서 정직-겸손성이 높은 종업원은 동료를 잘 돕고 조직 내 규율을 잘 준수하는 경향이 있다. 보다 최근의 연구자들은 이상의 성격 외에도 나르시시즘(자신의 가치는 높이 평가하지만 남의 가치는 무시하는 과도한 자기애적 성향), 마키아벨리즘(목적을 위해서는 수단을 가리지 않고, 남을 이용해서라도 자신의 목적을 달성하려는 성향), 사이코패스(무자비하고 사이코적 성향)와 같은 어두운 성격 특성이 특히 직장 내 비행 행동을 예측하는 데 효과적이라는 것을 발견했다.

유쾌한 종업원은
교육으로
만들어지지
않는다

사우스웨스트항공 Southwest Airlines의 임원들은 많은 관리자가

주목하지 못한 사실을 인지하고 있었다. 다름이 아니라, 친절하고 명랑한 사람들은 타고난다는 사실이다. 사우스웨스트항공의 임원들은 고객들에게 친절하고 공손한 서비스를 하도록 교육시키는 것이 불가능한 일은 아니지만 매우 힘들다고 믿었다. 그래서 이곳의 채용 프로세스는 선천적으로 활달하지 않고 외향적이지 않은 사람을 걸러내는 데 집중한다.

긍정적인 기질을 가진 사람들이 많은 직무(기내 승무원, 기내 판매원, 영업사원, 고객 서비스 담당자 등)에서 그렇지 않은 사람보다 훨씬 더 좋은 성과를 낸다. 다른 항공사의 많은 관리자는 교육을 통해서 유쾌한 종업원이 창조될 수 있다고 믿어 왔다. 그래서 그들은 종업원들이 보다 친절하고 활달해질 수 있도록 격려하고 사기를 진작시킬 수 있도록 직무, 작업 환경, 급여와 복리 후생 프로그램을 설계하는 데 많은 시간을 투자하고 있다. 또한 친절하고 명랑한 서비스 제공을 위해 많은 돈을 들여 교육하고 있다. 그런데 문제는 이와 같은 대부분의 프로그램이 그 목적을 달성하지 못한다는 사실이다. 어떤 개인이 활달한지 그렇지 않은지의 문제는 본질적으로 그 사람의 유전적 구조에 의해서 결정된다. 많은 연구에 따르면, 활달함과 관련한 개인차가 적게는 35%에서 50%, 많게는 80%까지 유전자에 의해서 결정된다.

활달함과 관련한 개인차가 적게는 35%에서 50%, 많게는 80%까지 유전자에 의해서 결정된다.

이와 관련한 매우 흥미로운 연구 중 하나는 동일한 유전자를 가지고 태어났으나 출생 직후부터 떨어져 양육(입양 등으로 인해)된 일란성 쌍둥이들을 비교한 것이다. 만약 환경이 성격의 결정 요인이라면, 출생 직후부터 다른 환경에서 양육된 쌍둥이들의 성격은 달라야 한다. 하지만 연구 결과는 그렇지 않았다. 출생 직후부터 39년간 45마일 떨어진 각기 다른 환경에서 자란 한 일란성 쌍둥이의 이야기를 예로 들어보겠다. 그들은 39년간 단 한 번도 교류한 적이 없었지만 동일한 모델의 동일한 색상의 차를 보유하고 있었고, 둘 다 줄담배를 피웠으며, 똑같은 이름의 강아지를 기르고 있었다. 또한 그들의 집에서 1,500마일이나 떨어진 동일한 해변에서 휴가를 즐기곤 했다. 이러한 연구를 바탕으로 연구자들은 유전자가 성격의 유사성(혹은 차이)의 약 50%를 설명한다고 추정하고 있다.

50년간 개인들의 삶의 만족도를 추적한 연구에 따르면, 그들의 삶의 만족도는 50년간에 걸쳐 매우 비슷한 수준으로 유지되었다. 심지어 그들의 업무나 회사가 바뀌었을 때도 삶의 만족도에는 거의 변화가 없었다. 이 연구를 비롯한 또 다른 연구들에서도 한

한 개인의 삶에 대한 성향은 그 사람의 유전자에 의해 결정되고, 시간이 지나도 일정하게 유지되며, 심지어 일에 대한 성향에까지 전이된다.

개인의 삶에 대한 성향은 그 사람의 유전자에 의해 결정되고, 시간이 지나도 일정하게 유지되며, 심지어 일에 대한 성향에까지 전이된다는 점을 분명히 보여준다.

여기서 여러분에게 전달하고자 하는 메시지는 바로 사우스웨스트항공의 본보기를 따르라는 것이다. 여러분이 만약 유쾌하고 활달한 종업원을 원한다면, 채용 프로세스에 집중해야 한다. 다시 말해, 일에 관한 어떤 점에서도 만족을 느끼지 못하고, 부정적이고, 환경에 적응을 못하고, 문제를 만드는 비판론자를 가려내 채용하지 말아야 한다. 그것은 성격 검사(질문지), 심층 면접, 지원자의 과거 경력을 주의 깊게 검토함으로써 가능하다.

역자 주: 이 장에서 말하는 활달함, 명랑함, 친절함, 공손함과 유쾌함은 5가지 성격 요인 중 외향성, 정서적 안정성, 호감성/원만성으로 측정될 수 있다. 여러 연구에 따르면, 성격 특성 중 평생에 걸쳐 가장 안정적인 (잘 변하지 않는) 성격 특성이 외향성이며, 이는 개인들의 직무 및 삶에 대한 만족을 예측하는 가장 중요한 변수 중 하나이다. 또한 간과해서는 안 되는 사실은 성실성은 이러한 서비스 직무의 경우도 직무 성과를 잘 예측한다는 점이다. 따라서 서비스 직무의 경우, 5가지 성격 요인 검사는 매우 유용한 선발 도구가 될 수 있다.

진실 07

정서 지능을
간과하지 마라

지난

20년간 경영학의 여러 연구 주제 중에서 정서 지능Emotional Intelligence만큼 많은 악명을 떨친 주제도 없을 것이다. 이러한 악명이 정당한가? 이 질문에 답하기 전에 먼저 정서 지능이 무엇인지 이해하도록 하자. 그리고 관련 증거를 살펴보도록 하자.

정서 지능은 정서적 신호(예를 들어, 자신의 감정 상태, 타인의 표정, 목소리 변화 등)와 정보를 탐지하고 관리하는 능력을 말한다. 보통 다음과 같은 5개의 차원을 포함한다.

1. **자기 인식**Self-Awareness – 자신의 감정을 인식하고 파악하는 능력
2. **자기 관리**Self-Management – 자신의 감정과 그 감정의 기복을 관리하는 능력
3. **자기 동기유발**Self-Motivation – 좌절과 실패가 있을 때도 견뎌내는 능력
4. **감정 이입**Empathy – 타인이 어떤 감정을 느끼는지 탐지해내는 능력
5. **사회적 스킬**Social Skills – 타인의 감정을 파악해서 이를 적절히 이용하는 능력

정서 지능이 높은 사람들은 자신의 감정을 잘 알고 또한 정서적 신호를

읽어내는 데 재주가 있다. 예
를 들어, 그들은 왜 자신이 화
가 났는지 분명히 알며 사회
적 규범을 어기지 않는 선에

> 정서 지능이 높은 사람들은 자신의
> 감정을 잘 알고 또한 정서적 신호를
> 읽어내는 데 재주가 있다.

서 그러한 감정을 표출할 줄 안다. 초기의 정서 지능 옹호자들은 자신의 감
정을 알고 타인의 감정을 읽어내는 능력이 있는 사람들이, 특히 사회적 상
호 작용(타인과의 접촉)을 많이 요구하는 직무에서 성과가 높다고 주장했다.

몇몇 초기 연구는 매우 고무적이었다. 예를 들어, 알카텔-루슨트^Alcatel-
Lucent에 근무하는 엔지니어들 중 동료들이 꼽은 스타 엔지니어들을
대상으로 그들의 특성을 살펴본 연구가 있다. 해당 연구 결과에 따르면,
스타 엔지니어들은 타인과 관계를 맺는 데 탁월한 재주가 있었다. 즉,
그들의 탁월한 성과를 설명하는 특성은 인지 능력(지능)이 아니라 정서
지능이었다.

미국 공군 모집관들을 대상으로 한 연구도 비슷한 결론을 내렸다. 탁월
한 성과를 낸 모집관들은 매우 높은 정서 지능을 가지고 있었다. 이러한
연구 결과는 이후 미국 공군 모집관의 선발 기준을 변화시켰다. 추후 연구
에 따르면, 새로운 선발 시스템에 의해 채용된 정서 지능이 높은 모집관들
이 그렇지 않은 모집관들보다 2.6배의 높은 성과를 창출했다. 또한 정서
지능을 포함한 새로운 채용 시스템은 모집관의 연간 이직률을 90%나 줄
이는 긍정적인 결과도 가져왔다.

또 다른 연구에서는 프랭클린 루즈벨트부터 빌 클린턴에 이르는 11명
의 미국 대통령의 성공과 실패(연임하지 못함)에 대해 조사했다. 연구자들은
그들을 의사소통, 조직화 능력, 정치적 스킬, 비전, 인지 스타일, 정서 지능

등 6개 차원을 기준으로 평가했다. 성공한 대통령(루즈벨트, 케네디, 레이건 등)과 실패한 대통령(존슨, 카터, 닉슨 등)을 확연히 구분하는 특성은 다름 아닌 정서 지능이었다.

지금까지 정서 지능과 관련한 일부, 특히 매우 고무적인 연구만 요약했지만, 정서 지능과 관련된 연구 증거에 대해서 종합적으로 이해할 필요가 있다. 먼저, 초기의 일부 연구자들의 주장과는 달리, 정서 지능은 '직무 성과의 가장 중요한 예측 변수'는 아닌 것 같다. 그러한 주장은 사실보다는 다소의 과장이었다. 둘째, 직무 성과를 예측하는 데 있어, 정서 지능은 인지 능력이나 성격보다는 다소 덜 중요한 것 같다. 인지 능력과 특히 성실성이 정서 지능보다 직무 성과를 더 잘 예측한다. 셋째, 그럼에도 불구하고 정서 지능은 인지 능력과 성격을 넘어서 직무 성과를 예측한다. 즉, 몇몇 연구자들의 주장과는 달리 정서 지능은 인지 능력과 성격과는 다른 직무 성과에 도움이 되는 독특한 요소를 가지고 있고, 이러한 정서 지능만의 독특한 요소가 직무 성과를 예측할 때, 인지 능력과 성실성을 통제

> 정서 지능은 인지 능력과 성격과는 다른 직무 성과에 도움이 되는 독특한 요소를 가지고 있다.

하고도 추가적 예측력을 갖게 해준다. 넷째, 정서 지능은 직무 만족이나 조직 몰입과 긍정적인 관련성을 갖는다. 즉, 정서 지능은 업무 성과뿐만 아니라 근로자의 직무 태도에도 긍정적인 영향을 미친다. 마지막으로 관리자의 높은 정서 지능은 그들의 다문화 역량과 긍정적으로 관련된다. 즉, 정서 지능이 높은 관리자들은 다양성이 높은 직장에서 일을 더 잘한다.

종합적으로 볼 때, 정서 지능이 높은 관리자와 근로자를 채용하는 회사

는 분명히 상당한 이득을 볼 것이다. 하지만 정서 지능은 직무 성과를 예측하는 유일한 선발 도구가 아니라, 인지 능력과 성실성에 더불어 추가적으로 사용할 때 더욱 효과적인 선발 도구라는 점을 간과해서는 안 된다.

역자 주: 일부 학자들은 정서 지능의 개념을 인정하지만, 그 명칭을 문제 삼아 정서 지능 대신에 정서 역량Emotional Competency으로 부르는 경우도 있다.

| 진실 08 |

나이에 관한
선입견을 버려라

나이든 -특히 55세 이상의- 직원에 관한 여러 가지 선입견들이 존재하고, 그러한 선입견들 중 대부분은 부정적이다. 예를 들면, 나이 든 직원은 쉽게 피로감을 느끼고, 새로운 스킬을 배울 능력이 부족하고, 융통성이 적고, 변화에 저항하고, 젊은 직원들과 같이 일하는 데 어려움이 있고, 인지 능력이 떨어지고, 질병으로 자주 결근을 한다는 등과 같은 것들이다. 하지만 이러한 선입견들 중 대부분은 사실무근이다.

관리자들이 나이 든 직원에 관한 이러한 잘못된 선입견을 극복하는 것이 왜 중요한가? 대답은 간단하다. 인력이 지속적으로 고령화됨에

> 인력이 지속적으로 고령화됨에 따라 관리자들은 나이 든 직원들과 더욱 자주 일하게 될 것이다.

따라 관리자들은 나이 든 직원들과 더욱 자주 일하게 될 것이기 때문이다. 이러한 변화가 관리자들에게 시사하는 바가 크다. 실제 미국과 여타 산업 국가에서 인력의 고령화는 새삼스러운 일이 아니다. 예를 들어, 2010년과 2020년 사이에 미국에서는 55세 이상의 고령 인력이 1,100만 명가량 증가할 것이고, 이는 전체 인력에서 고령 인력의 비율이 19.5%에서 25.5%

로 증가하는 것을 의미한다. 2008년 미국의 경기 침체 이전에도 수많은 베이비부머가 퇴직을 더 미룰 거라고 말했고, 작금의 경기 둔화를 볼 때 아마도 상당수의 베이비부머는 경제적인 이유로 한동안 더 조직에 머물러야 할 것이다. 따라서 관리자로서 여러분이 고령 인력을 채용하고, 그들과 함께 동료로서 일하며, 그들을 상사로 모시게 될 가능성은 더욱 증가하는데, 나이 든 직원에 대한 잘못된 선입견은 그들과의 관계에 있어 장애가 될 것이다. 따라서 이와 관련한 연구 증거를 이해할 필요가 있다.

많은 사람이 나이가 들면, 생산성이 떨어진다고 믿는다. 얼핏 생각해보면 그럴 듯하다. 나이가 들면 시력이나 청력, 근력, 두 손의 협응력, 반응 시간이 떨어진다. 하지만 나이 든 직원들이 가진 경험, 판단력, 강한 근로 의식이 이러한 신체 능력의 저하를 만회할 수 있기 때문에 실제로는 이들의 직무 성과가 젊은 직원들보다 나쁘지 않다.

많은 연구들은 나이와 직무 성과 간에 상관이 거의 없음을 보여준다. 실제로는 나이가 들수록 오히려 직무 성과가 증가하는 편이고, 직무 성과가 감소할 때도 그 정도가 매우 적

> 많은 연구들은 나이와 직무 성과 간에 상관이 거의 없음을 보여준다.

다. 왜 나이가 들면 직무 성과가 증가할까? 이는 나이 든 직원들이 일반적으로 해당 직무를 오랫동안 해오며 누적된 직무 지식으로 직무 성과가 높아지기 때문이다. 더욱이 직무 성과는 연령대별 차이보다 동일 연령대 내 차이가 더 크다는 것이 지금까지의 연구 결과이다.

인지 능력, 결근율, 이직률과 관련해서는 어떠할까? 젊은 근로자와 나이 든 근로자 간 인지 능력 검사 점수를 비교한 연구 결과, 집단 간 의미 있는

차이를 보이지는 않았다. 나이 든 근로자의 지능 점수가 조금 낮았지만, 실제 직무 성과에는 거의 영향을 미치지 않았다. 이는 나이 든 근로자가 나이에 따른 인지적 스킬의 저하를 그들의 경험으로 만회하기 때문이다.

결근율에 관한 연구 결과는 일관적이지는 않다. 대부분의 연구는 나이 든 근로자의 결근율이 더 낮다고 보고한다. 하지만 이러한 연구 결과들을 좀 더 면밀히 살펴보면, 회피 가능한 결근에 있어서는 나이 든 근로자의 결근율이 더 낮고, 회피 불가능한 결근(질병으로 인한 병가 등)에 있어서는 나이 든 근로자와 젊은 근로자의 결근율에 차이가 없다.

이직률에 있어서는 연구 결과가 보다 명확하다. 나이가 들수록 이직률은 감소한다. 이것은 몇 가지 이유를 생각해보면 전혀 놀라운 결과가 아니다. 즉, 나이가 든 근로자의 스킬은 현재 직장에 특화된 것이라서 다른 직장 혹은 직무에서 필요로 하는 스킬과는 다를 가능성이 높기 때문에 따라서 이직의 가능성도 적어진다. 더욱이 나이 든 근로자들은 장기근속에 따른 고임금, 긴 연차, 매력적인 퇴직연금 때문에 이직을 덜 고려한다.

마지막으로, 나이 든 근로자의 학습 능력은 어떠할까? 연구 결과는 일관적이지는 않다. 나이 든 근로자도 새 스킬을 배울 수 있지만, 젊은 근로자보다 많은 시간이 소요된다. 나이 든 근로자에게는 적극적인 참여, 모델링, 자기주도 학습과 같은 훈련 방법이 사용될 때 그 효과성이 더 증대된다.

역자 주: 여기서 간과되었지만 중요한 사실은 나이 든 직원들은 자신들이 아직 일할 수 있다는 사실만으로도 감사해한다. 또한 그들은 사회적 체면보다는 현실적인 면들을 더 중요시한다. 이러한 점들 때문에 미국의 경우 서비스 업종(백화점, 주유소, 식료품점)에서 나이 든 직원들을 쉽게 볼 수 있다.

| 진실 09 |

직업적 흥미와
직무를
부합시켜라

신입사원의 만족도를 높이고 이직률을 낮추기 원하는가? 충원하고자 하는 직무에 부합한 직업적 흥미를 가진 지원자를 선발하면 가능하다는 수많은 연구 결과가 있다.

지금까지 6가지 직업적 흥미 유형이 규명되었고, 많은 연구 결과에 따르면 자신의 직업적 흥미 유형과 부합한 직무를 할 때 사람들은 가장 행복함을 느

> 자신의 직업적 흥미 유형과 부합한 직무를 할 때 사람들은 가장 행복함을 느낀다.

낀다고 한다. 6가지 직업적 흥미 유형은 바로 '현실적인, 탐구적인, 사교적인, 관습적인, 진취적인, 예술가적인'으로 구분된다.

먼저 현실적인 사람은 스킬, 힘과 협응 능력을 요구하는 신체적 활동을 선호한다. 이들은 수줍어하고, 진실하고, 끈기 있고, 착실하고, 순응적이고, 실용적이다. 이러한 성격과 걸맞은 직무는 기계공, 조립 라인 작업자와 농부 등이다.

탐구적인 사람은 사고, 조직화, 이해 능력과 관련된 활동을 선호한다. 이들은 분석적이고, 참신하고, 호기심 많고, 독립적이다. 이러한 성격과 걸

맞은 직무는 생물학자, 경제학자, 소프트웨어 프로그래머, 수학자와 뉴스 리포터 등이다.

사교적인 사람은 다른 사람을 잘 도와주고 계발시키는 활동을 선호한다. 이들은 잘 어울리고, 친절하고, 협력적이고, 이해심이 많다. 이러한 성격과 걸맞은 직무는 사회사업가, 교사, 상담전문가와 임상심리학자 등이다.

관습적인 사람은 잘 규정되어 있고, 질서 정연하고, 애매하지 않은 활동을 선호한다. 이들은 순응적이고, 효율 지향적이고, 실용적이고, 상상력이 약하고, 융통성이 떨어진다. 이러한 성격과 걸맞은 직무는 회계사, 기업의 관리자, 은행원과 사무직, 서기 등이다.

진취적인 사람은 타인에게 영향력을 행사할 수 있고 파워를 획득할 수 있는 기회가 있는 상황에서 언어적 활동을 선호한다. 이들은 자신감이 넘치고, 야망이 있고, 정력적이고, 지배적이다. 이러한 성격과 걸맞은 직무는 변호사, 부동산중개인, PR(홍보)전문가와 중소기업가 등이다.

예술가적인 사람은 창의적인 표현을 허용하는 모호하고 비체계적인 활동을 선호한다. 이들은 상상력이 넘치고, 정돈이 잘 되지 않고, 이상적이고, 정서적이고, 실용적이지 않은 측면이 있다. 이러한 성격과 걸맞은 직무는 화가, 음악가, 작가와 인테리어 장식가 등이다.

직업적 흥미와 직무(직업)가 조화를 이룰 때 종업원의 만족도는 가장 높아지고, 이직률은 가장 낮아진다는 실증적인 증거가 많다. 예를 들어, 사교적인 사람은 사교적인 직업에 종사해야 하고, 관습적인 사람은 관습적인 직업에 종사해야 한다. 더욱이 6가지 직업적 흥미 유형은 동그란 원을 따라서 개념화될 수 있다. 원에 6개의 점을 순차적으로 찍으면 '현실적인, 탐구적인, 예술가적인, 사교적인, 진취적인, 관습적인'의 순서가 된다. 연구 결과에 따르면 이 원의 각 점에서 서로 가까운 직업적 흥미 유형일수록 잘 조화되고 호환된다. 그래서 현실적인 사람이 사교적인 직무보다는 현실적인 직무에 종사하는 것이 더 잘 맞고 더 만족감을 느낄 수 있다.

결론을 이야기하면, 관리자로서 여러분은 채용 시 지원자의 직업적 흥미 유형을 파악해야 한다는 것이다. 즉 지원자의 직업적 흥미와 직무 요건이 부합할 때, 그 지원자가 향후 더 높은 직무 성과를 발휘하고, 그 조직에 더 오랫동안 근무할 가능성이 높아진다.

관리자로서 여러분은 채용 시 지원자의 직업적 흥미 유형을 파악해야 한다.

역자 주: 이 장에서 말하는 직업적 흥미 유형은 이전 장에서 논의한 5가지 성격 특성 (성실성, 외향성 등)과는 다른 것이다. 다만, 탐구적인 직업적 흥미 유형과 개방성 간에 상당한 관련성이 있고, 사교적인 직업적 흥미 유형과 외향성 간에 상당한 관련성이 있다. 연구에 따르면, 흥미는 직무 성과보다는 직무 선택, 만족, 적응 등을 더 잘 예측한다.

조직 문화에 맞는 사람을 채용하라

많은 관리자가 지원자의 스킬에 근거해 채용을 결정하고, 이후에 이를 후회하는 경향이 있다. '좋은 종업원'을 만드는 데 있어 스킬(역량)이 중요한 것은 분명하지만, 종업원의 성공 혹은 실패에 영향을 미치는 조직 문화의 중요성을 절대로 과소평가해서는 안 된다. 종업원의 성과는 일반적으로 주관적 요소에 의해 상당히 좌우된다.

상사와 동료는 다음과 같은 질문에 대한 해답을 찾아야 한다. 데이브는 팀플레이어인가? 티 나는 불필요한 위험을 감수하려고 하는가? 로라

> 종업원의 성공 혹은 실패에 영향을 미치는 조직 문화의 중요성을 절대로 과소평가해서는 안 된다.

는 너무 경쟁적인가? 이러한 질문에 대한 해답은 긍정적이거나 부정적으로 해석될 수 있는데, 이는 어떤 종업원이 해당 조직에 얼마나 잘 부합하는지 -위에 나열한 종업원들의 성향이 해당 조직의 문화에서 선호하는 것인지- 와 상당히 관련된다. 조직에 잘 부합하는 종업원은 조직 내에서 고高성과자로 인정받게 될 가능성이 높다.

조직 문화란 구성원 간에 공유된 의미의 시스템이다. 다시 말해, 이것은

대다수의 조직 구성원이 공유한 핵심 가치를 표현한 것이다. 예를 들어, 아일랜드 라이언에어Ryanair의 조직 문화는 적극성과 모험 추구를 가치 있게 여긴다. 반면에 존슨앤존슨Johnson&Johnson의 문화는 가족애를 강조하고, 신뢰와 충성심을 가치 있게 여긴다. 따라서 라이언에어에서 훌륭하다고 인정받는 종업원은 존슨앤존슨에서 훌륭하다고 인정받는 종업원과 매우 다른 특성과 행동을 보일 것이다. 또한 비용 경감에 과도하게 집중하는 월마트Walmart의 조직 문화는 고객 서비스에 초점을 두는 노드스트롬Nordstrom의 조직 문화와 매우 다를 것이고, 따라서 매우 다른 유형의 지원자를 채용하고 승진시킬 것이다.

관리자로서 여러분은 어떤 지원자가 조직 문화에 더 부합하는지를 면밀히 살펴봐야 한다. 부합도가 보다 높은 사람을 채용해야 한다. 여러분은 당연히 조직 문화와 근본적으로 일치하거나 상당 부분 비슷한 가치를 가진 사람을 채용하고 싶을 것이다. 그렇다면, 조직이 무엇에 가치를 두고 보상하는지를 잘 관찰하여 이를 채용 프로세스에 적용해야 한다. 그러면 어떤 지원자가 조직에 더 잘 부합하는지를 보다 잘 결정할 수 있을 것이다. 조직 문화와 관련된 적절한 질문과 관찰을 통해 여러분은 어떤 지원자가 혁신과 모험 추구 성향이 있는지, 큰 그림 혹은 세부사항에 집중하는지, 목적 혹은 수단을 중요시하는지, 팀 지향적인지, 적극적이고 경쟁적인지 혹은 무사안일한지, 그리고 현재 상태에 안주하기를 좋아하는지 혹은 성장을 좋아하는지 파악할 수 있을 것이다. 이러한 것들이 바로 조직 문화에 대한 부합도를 규명해주는 주요 요소가 된다.

> 관리자로서 어떤 지원자가 조직 문화에 더 부합하는지를 면밀히 살펴봐야 한다.

5,000명의 근로자와 260개의 매장을 보유한 리미티드The Limited라는 여성 의류 업체는 직원 채용 시, 지원자의 39가지 행동 특성을 분석해서 그들이 리미티드의 조직 문화와 고성과자 기준에 얼마나 부합하는지를 파악해서 4가지 유형으로 분류해주는 소프트웨어를 사용한다. 리미티드의 채용 담당 관리자는 이러한 4가지 유형 중 2가지 상위 유형(부합군)에 분류된 사람들의 이직률이 2가지 하위 유형(비부합군)의 사람들보다 현격히 낮다고 언급했다.

만약 여러분이 이상의 사실을 간과하고 회사의 문화에 부합하지 않는 지원자를 채용한다면, 무슨 일이 발생하겠는가? 결국 여러분은 동기와 몰입이 부족하고, 해당 직무와 조직에 불만족할 신입사원을 채용하게 되는 우를 범하는 것이다. 그리고 이러한 사람들이 조직과 부합한 가치를 가진 사람과 동일한 성과를 냈더라도 더 낮은 성과 평가(고과)를 받을 것이 분명하다. 조직 문화에 대한 종업원의 낮은 부합도는 높은 이직률로 연결될 것이다. 대부분의 사람들은 스스로 지원한 조직에 자신이 부합하지 않는다는 사실을 발견하게 되면, 좋은 이직 기회가 주어질 때 주저없이 더 높게 평가받을 수 있는 조직으로 이직하게 된다.

역자 주: 개인-직무, 개인-조직 부합도와 같은 비인간적 부합도뿐만 아니라 개인-동료, 개인-상사 부합도와 같은 인간관계적 부합도 역시 직무 만족, 직무 성과, 이직 의도에 지대한 영향을 미친다. 특히 서양에 비해 동양에서는 인간관계 차원의 부합의 상대적 중요성이 더욱 부각된다.

| 진실 11 |

동료와 조직을
자발적으로 돕는
조직 시민 행동이
중요하다

아무리 자세하고 정확한 직무 기술서라 하더라도 업무를 수행하는 데 필요한 미묘한 모든 요건을 다 포함하기는 힘들다. 사실 노조원들이 회사에 대한 항의 표시로 자신들의 업무를 고용 계약서에 기재된 행동으로 국한시키면서 최소한으로 일하는 경우가 있다. 이는 의도적으로 천천히 일하는 경우Work to Rule에 해당한다. 이상의 이야기는 높은 업무 성과에 기여하는 것은 직무 기술서나 고용 계약서에 명시된 과업 행동뿐만 아니라 근로자의 자발적인 행동이라는 점을 시사한다.

모든 다른 조건이 동일하다면, 대부분의 관리자들은 맡은 바 임무를 넘어서 기대치보다 더 열심히 일할 수 있는

> 대부분의 관리자들은 맡은 바 임무를 넘어서 기대치보다 더 열심히 일할 수 있는 종업원을 원한다.

종업원을 원한다. 소위 공식적 기대를 넘어선 종업원을 원하는 것이다. 우리는 공식적으로 직무에서 요구되지는 않지만 조직의 성과를 향상시키는 사려 깊은 행동을 하는 종업원을 흔히 '선한 시민'이라고 부른다. 무엇보다 유연성이 매우 중요하게 간주되고, 직무 내용이 계속 변하며, 팀으로 일하

는 경우가 많아서 결국 직무 기술서에 종업원들이 반드시 해야 할 과업을 모두 정확히 명시하기 어려운 오늘날의 직장에서 높은 성과를 창출하는 관리자가 되려면 선한 조직 시민 행동Organizational Citizenship Behavior을 기꺼이 행하는 직원이 필요하다.

조직 시민 행동은 직무 기술서에 명시되지는 않았지만 조직의 목표를 달성하는 데 기여하는 자발적 행동이다. 이러한 행동은 근로자 자신의 업무 효과성을 증대하는 데 도움이 되는 선택적 행동이기도 하다.

그렇다면 무엇이 선한 시민 행동인가? 자신이 속한 부서와 조직에 대해서 건설적인 이야기를 하며, 부서 내의 동

선한 시민 행동을 보이는 종업원이 그렇지 않은 종업원보다 월등히 높은 성과를 보인다.

료들을 도와주고, 과외적인 업무도 기꺼이 자원해서 맡고, 불필요한 갈등은 피하며, 조직의 비품을 절약하고 소중히 하며, 조직의 제반 규정과 창업 정신을 존중하고, 간헐적인 부가적 업무를 기꺼이 감내하는 것이 선한 시민 행동의 본보기이다. 많은 연구 결과에 따르면, 선한 시민 행동을 보이는 종업원들이 많은 조직일수록 그렇지 않은 조직보다 월등히 높은 성과를 보인다.

그렇다면 선한 시민 행동을 고취시키기 위해 관리자로서 여러분들은 무엇을 할 수 있는가? 대답은 다음과 같다.

직원들의 자율성을 증대시키고, 그들을 공정하게 대우하라. 근로자들이 조직 시민 행동을 하기 위해서는 자율성이 필요하다. 즉, 그들이 자신의 과업 외에 추가로 다른 동료를 돕거나 자신의 일을 더 잘 할 수 있도록 의사결정을 내리기 위해서는, 업무 수행과 관련한 어느 정도의 자유 혹은 여

유가 필요하다. 항상 정신없이 자신이 맡은 바 일을 해야 한다면, 설사 동료를 돕고 자신의 업무의 질을 향상시킬 의지가 있더라도 이를 행동으로 옮길 수 없을 것이다.

덧붙여 이야기하면, 사람들은 결과나 대우 및 절차가 공정하다고 믿을 때 그 조직에 대해서 더욱 긍정적으로 이야기하고, 동료를 도우며, 자신의 직무에서 요구하는 기대치를 넘어 일하게 될 가능성이 높아진다. 만약 종업원이 관리자인 여러분과 조직의 각종 절차와 급여 정책 등이 공정하다고 느낀다면 신뢰가 형성된다. 그리고 그들이 여러분과 조직을 신뢰하게 되면, 공식적으로 직무에서 요구되는 사안을 넘어서는 행동도 기꺼이 자발적으로 하게 될 것이다.

역자 주: 성격 측면에서 보자면 호감성/원만성·성실성이 높으며, 정서적 안정성이 높은 사람들이 입사 후 선한 시민 행동을 더 많이 보인다. 따라서 이 점이 채용 시 고려되어야 한다. 본문에서는 언급되지 않았지만 최근의 조직 시민 행동 연구에 따르면, 조직과 조직 내 개인을 돕는 선한 시민 행동 이외에 제안 활동, 조직 내 비효율적 업무 관행 수정과 같은 변화 중심적 시민 행동도 시민 행동의 핵심적인 한 축으로 부상하고 있다. 이러한 변화 중심적 시민 행동은 성실성, 호감성/원만성 이외에 지능, 외향성과 경험에 대한 개방성에 의해서도 잘 예측된다. 또한 적극성도 중요한 예측 변수가 된다.

직무에 대해서
과대 포장하지
마라

여러분이 구직을 위해 면접을 보았던 때를 생각해보아라. 면접관이 여러분에게 어느 정도 질문을 한 후에, 해당 직무나 회사에 대해 어떻게 묘사했는가? 채용 면접을 진행할 때, 대부분의 관리자는 직무나 회사의 긍정적인 측면만 주로 이야기한다. 그들은 일이 매우 흥미롭고, 동료 간에는 우애가 있으며, 승진과 성장의 기회가 풍부하고, 경쟁력 있는 복리 후생 제도를 갖추고 있다고 떠든다. 반면에 해당 직무나 조직의 단점을 잘 알면서도 이러한 측면은 회피하거나 감추려고 한다.

직무 소개 시 긍정적인 측면만 부각시킨 관리자는 큰 실수를 범한 것이다. 2,300명의 신입사원들을 대상으로 한 연구에 따르면, 그들의 주요 불평거리는 자신이 하는 일을 전혀 이해하지 못한 데서 발생한 것들이었다. 예를 들어, 그들은 자신이 하는 일의 이직률이 그렇게 높을 줄 몰랐고, 자주 출장을 가야 하는지 듣지 못했고, 실제 업무 시간이 그렇게 긴지 알지 못했고, 회사의 재정 상태가 양호하지 못한 것을 전혀 몰랐다고 한다.

> 지원자에게 긍정적인 측면만 부각시킨 관리자는 큰 실수를 범한 것이다.

또한 자신의 직무 기술서에 대해서 제대로 몰랐고, 소속 부서의 구조와 구성원 간 역학에 대해서 전혀 알지 못했다고 불평한다.

직무 소개 시 긍정적인 면만 홍보한 관리자들은 갑작스러운 종업원의 사표로 인해 결국 더 큰 실망감을 겪게 될 것이다. 다시 말해, 몇 주나 몇 달이 지나서 신입사원이 갑작스럽게 회사를 그만두게 되면 지원서를 검토하고 면접을 진행하는 데 소요된 시간이 모두 물거품이 된다.

이러한 좌절을 경험하지 않으려면 관리자는 무엇을 해야 할까? 바로 현실적으로 직무를 소개하는 것이다.

현실적 직무 소개는 채용이 결정되기 전에 지원자에게 해당 직무의 긍정적인 면과 부정적인 면을 동시에 알려주는 것이다. 이와는 달리 전통적 직무 소개는 해당 직무나 조직의 긍정적인 면만 부각시킨다. 이는 결국 종업원에게 잘못된 기대를 심어준다. 어떤 직무나 조직도 완벽할 수는 없다. 결국 여러분이 처음부터 신입사원에게 솔직했다면, 그들이 계속해서 조직에 남아 있을 가능성은 더 높아질 것이다.

> 결국 여러분이 처음부터 신입사원에게 솔직했다면, 그들이 계속해서 조직에 남아 있을 가능성은 더 높아질 것이다.

왜 현실적 직무 소개가 이직을 감소시키는가? 연구 결과에 따르면, 현실적 직무 소개는 지원자들에게 해당 기업이 솔직한 곳이라는 인상을 심어주기 때문이다.

직무 지원자가 받는 정보가 과도하게 긍정적으로 부풀려져 있으면, 조직에 부정적인 영향을 미칠 수 있는 일이 많이 발생하게 된다. 첫째로, 종국에는 잘못된 정보로 인해 불만족해서 사직하게 될 지원자임에도 불구하고 채용 중인 직무나 조직에 자신이 부합하지 않는다고 판단하여 스스로를 걸러낼(아예 지원을 하지 않거나 채용 중 자발적으로 중도 포기하는) 가능성이 매우 줄어들게 된다. 둘째로, 부정적인 정보를 (고의로) 주지 않게 되면, 지원자들은 직무에 대해 비현실적인 기대를 갖게 된다. 이러한 지원자가 채용되면 이들은 쉽게 실망하게 될 것이고, 결국 낮은 만족으로 인해 조기에 사직하게 될 것이다. 셋째로, 신입사원이 직장에서 직접 부정적인 정보에 부딪히게 되면, 그들은 쉽사리 조직에 대해 환멸감을 느끼게 되고 덜 몰입하게 된다. 누구든 자신이 회사에 속아 채용되었다고 느끼고 싶지는 않을 것이다.

현실적 직무 소개는 직무에 대한 긍정적인 측면과 부정적인 측면을 모두 균형 있게 전달한다. 예를 들어, 관리자는 직무에 관한 긍정적인 의견과 함께 근무 중에는 동료와 이야기할 기회가 매우 제한적이라는 점, 불규칙적인 업무량의 증가로 인해 가끔씩 상당한 스트레스를 받을 수 있다는 점을 말해줄 수 있다.

많은 연구 결과에 따르면, 현실적 직무 소개를 받은 지원자들은 그들이 맡게 될 직무에 대해서 보다 현실적인 기대를 가지게 되고, 해당 직무의 좌절스러운 요소에 대해서도 대처할 준비가 보다 잘 되어 있다. 결과적으로 예기치 못한 신입사원의 사표도 적어진다. 지원자에게 직무의 긍정적인 측면만을 보여주는 것이 초기에는 그들을 입사하게 만드는 강한 유인이 되지만, 이는 여러분과 공들여 뽑은 신입사원이 모두 곧 후회하게 될 결혼을 하는 것과 마찬가지이다.

역자 주: 최근의 연구 결과에 따르면, 직무 소개 시 직무뿐만 아니라 직무와 관련되어 같이 일하게 될 사람들(동료, 상사)을 소개시키는 것도 중요하다. 특히 이는 서양보다 관계 중심적인 동양에서 더욱 중요하다. 따라서 채용 후 같이 일하게 될 동료들과 상사들을 채용 과정(면접 등)에 포함시키는 것은 매우 효과적인 직무 부합도 증진 전략이 될 수 있다. 경력 사원 채용 시, 이러한 현실적 사람 소개 전략은 필수적이라 할 수 있다.

| 진실 13 |

신입사원의
사회화를
신중히 하라

모든 해병대원은 수 주간의 입소 훈련을 마쳐야 한다. 그 기간 동안 그들은 자신의 몰입 수준을 증명해야 하며, 동시에 교관들은 신참 해병대원들에게 '해병대만의 방식'을 주입해야 한다. 이와 유사하게 -물론 훨씬 덜 정교한 방법이지만- 스타벅스도 모든 신입사원에게 스타벅스의 기업 철학, 회사 내 전문 용어, 그리고 스타벅스의 커피 사업에 대한 모든 것을 배울 수 있는 24시간의 교육을 제공한다.

해병대와 스타벅스 모두 신입 구성원을 사회화하기 위해서 공식적인 교육을 이용한다. 이는 새로운 구성원들이 조직 문화에 적응하는 것을 돕기 위함이다. 어떤 조직이 얼마나 좋은 사람을 채용했건 간에 신입 구성원은 새로운 조직 문화에 충분히 동화되지 않은 상태이기 때문에 이런 과정이 필요하다. 사회화는 외부인을 내부인으로 전환시키며, 종업원의 행동이 경영층에서 원하는 바와 연계되도록 도와준다.

> 사회화는 외부인을 내부인으로 전환시키며, 종업원의 행동이 경영층에서 원하는 바와 연계되도록 도와준다.

여러분은 관리자로서 신입사원을 교육할 때, 다음의 4가지 의사결정을 해야 하며, 이 각각의 결정은 신입사원의 행동을 조직에 맞게 조성하는 데 영향을 미칠 것이다.

첫째, 사회화를 공식적 혹은 비공식적으로 진행할 것인가?

신입사원이 외부(회사 밖)에서 교육을 받을수록, 그리고 신입사원의 역할이 명시적으로 구분될수록 사회화는 공식적이 된다. 해병대와 스타벅스의 오리엔테이션과 교육 프로그램이 공식적인 사회화의 예이다. 비공식적 사회화는 특별한 조치 없이 신입사원을 곧바로 직무에 투입시키는 것이다.

둘째, 사회화를 개인단위 혹은 집단단위로 진행할 것인가?

(미국의 경우) 대부분의 신입사원은 개인적으로 사회화된다. 하지만 어떤 신입사원들은 해병대 입소 훈련의 경우처럼 함께 모여서 동일한 경험을 하는 교육을 받기도 한다.

셋째, 사회화를 순차적 혹은 임의적으로 진행할 것인가?

순차적 사회화의 특징은 신입사원을 교육시키고 격려하는 역할모델들을 이용한다는 데 있다. 견습과 멘토링 프로그램이 이에 해당한다. 반면에 임의적 사회화는 일부러 역할모델을 제공하지 않는다. 이 경우 신입사원은 자신이 스스로 문제를 풀어 나가면서 적응해야 한다.

넷째, 사회화를 부여적 혹은 제거적으로 진행할 것인가?

부여적 사회화는 신참자의 특성이나 자격 요건이 직무 성공에 필수적인 요소라는 것을 전제한다. 따라서 이러한 특성과 자격 요건이 재차 확인되고 이를 강화하는 상황을 제공한다. 반면에 제거적 사회화는 신참자의 특정 특성을 제거하려고 노력한다. 상류층 남학생 클럽 혹은 여학생 클럽

회원들의 경우, 제거적 사회화가 적절하며 이를 통해 그들은 자신들이 가진 특권 의식 등을 버리게 되고 적절한 역할을 얻게 된다.

일반적으로 말해서 경영층이 공식적, 집단적, 순차적 및 제거적 성격의 사회화에 의존할수록

> 경영층은 사회화라는 도구를 잘 활용하여야 한다.

신입사원 간에 존재하는 개인차나 견해차는 사라지고, 표준적이며, 예측 가능한 획일적 행동으로 대체될 것이다. 반면에 비공식적, 개인적, 임의적 및 부여적 성격의 사회화는 개별화된 인력을 만들어낼 것이다. 그래서 경영층은 사회화라는 도구를 통해 신입사원을 조직의 전통이나 관습을 유지하고자 하는 체제 순응자로 만들 수도 있고, 반대로 조직의 관습에 전혀 얽매이지 않는 혁신적이고 창의적인 개인으로 만들 수도 있다.

역자 주: 미국 회사에서 근무해본 경험자로서 말하자면, 미국 회사의 경우 한국 기업에서 자주 볼 수 있는 장기간의 신입사원 교육은 없다. 일을 하면서 자연스럽게 생기는 질문들은 동료들이나 상사가 해결해주며, 적당한 시점에 그러한 궁금증을 풀 수 있는 단시간의 교육 기회가 주어질 뿐이다.

PART

02

동기부여에
관한 진실

왜 많은 종업원들이 직장에서 동기부여 되지 못하는가?

나는 종종 중견 관리자들이 "종업원들이 열심히 일하도록 동기부여 할 수가 없습니다."라고 불평하는 것을 듣는다. 이것이 사실이라면 잘못은 종업원이 아닌 관리자와 조직의 제도 및 관행에 있다. 종업원들의 동기가 결핍되었다면 결국 문제는 선발, 애매모호한 목표, 성과 평가, 보상, 혹은 성과 평가나 보상 시스템을 실행할 때 공정한 인상을 주지 못하는 관리자의 무능 등 5가지 원인에 기인한다.

종업원의 동기부여에 대해서 이해하고 싶다면 동기가 다음 3가지 관계에 의해 좌우된다는 것을 명심해야 한다. 이러한 3가지 조건이 모두 충족될 때, 종업원은 열심히 일하도록 동기부여 된다. 셋 중 어느 하나라도 약하면, 종업원은 그다지 열심히 노력하지 않을 것이다. 다음 질문들을 통해서 3가지 관계를 설명하고자 한다.

> 만약 종업원이 동기부여 되지 않는다면, 그 잘못은 종업원이 아닌 관리자와 조직의 제도 및 관행에 있다.

첫째, 종업원들은 최선을 다한 노력이 성과 평가를 통해 인정받는다고 믿고 있는가? 대다수의 종업원에게 이러한 질문을 하면 그 대답은 불행하게도 '아니오'이다. 종업원의 스킬이 다소 부족할 경우, 그들이 아무리 열심히 일해도 높은 성과를 낼 가능성은 적다. 또는 조직의 성과 평가 시스템이 충성심, 자주성, 혹은 용기와 같은 비성과적 요소를 평가하도록 잘못 설계되었기 때문이기도 하다. 이러한 경우, 아무리 열심히 일해도 그것이 더 좋은 평가 점수로 연결되지 않는다. 또 다른 가능성은 종업원이 자신의 상사로부터 미움을 받고 있다고 지각하는 경우이다. 이는 실제 사실일 수도 있지만, 때로는 잘못된 지각이기도 하다. 이러한 경우라면 종업원은 자신의 노력과는 상관없이 낮은 평가를 기대할 수밖에 없게 된다. 이러한 예시들을 통해, 우리는 종업원의 낮은 동기가 다름 아닌 아무리 노력해도 좋은 평가를 받을 수 없다고 믿는 종업원의 신념에 기인한다는 것을 알 수 있다.

둘째, 종업원들은 성과 평가에서 좋은 점수를 받으면 그것이 보상으로 연결된다고 믿고 있는가? 많은 종업원이 성과와 보상의 관계가 매우 약하다고 믿는다. 왜냐하면 조직에서는 성과 말고도 다른 요소들에 근거해서 보상하기 때문이다. 예를 들어, 급여가 연공 서열이나 상사에 대한 '아부'에 근거해서 종업원에게 배분될 때, 그들은 성과와 보상의 관계가 약하다고 이해하게 되고 결국 사기 저하를 경험하게 된다.

셋째, 종업원들은 그들이 원하는 보상을 받고 있는가? 어떤 종업원들은 승진을 위해 열심히 일한다. 하지만 다른 종업원들은 급여 인상을 위해 열심히 일한다. 어떤 종업원은 흥미롭고 도전적인 직무를 원하지만, 또 다른 종업원들은 상사로부터의 몇 마디 칭찬이면 만족한다. 어떤 종업원들은 파리나 런던 같은 해외 지사로 전근하고 싶어 열심히 일하고, 다른 이들은 피닉스(미국 애리조나의 주)와 같은 중소도시로 전근하고 싶어 한다. 이러한 예들은 종업원 개개인에 맞추어 보상의 성격을 달리해야 한다는 시사점을 준다. 하지만 불행하게도 관리자들이 줄 수 있는 보상에는 한계가 있다. 따라서 개별화된 보상을 해주기란 실상 어렵다. 더욱이 어떤 관리자들은 모든 종업원이 똑같이 한 가지(돈)만을 원한다고 잘못 믿고 있고, 결과적으로 개별화된 보상이 부하의 동기에 미치는 영향을 간과하게 된다. 이렇게 되면 종업원의 동기 수준은 항상 최적화되지 못한 상태로 있게 된다.

　요약하자면, 직장에서 많은 종업원들이 그들의 노력과 성과 간의 관계와 성과와 보상 간의 관계, 그리고 그들이 받는 보상과 그들이 원하는 보상 간의 관계가 약하기 때문에 동기의 결핍을 경험하고 있다. 만약 동기가 충만한 종업원을 원한다면, 여러분은 이러한 관계를 강하게 만들어야 할 것이다.

역자 주: 훌륭한 관리자는 종업원들과 허물없이 자주 의사소통하여 그들이 원하는 바를 잘 알고, 이를 충족해주는 방향으로 그들에게 동기부여를 한다. 이런 점에서 동기부여 전략의 시작은 종업원들과의 빈번하고 격의 없는 대화라고 할 수 있다. 알다시피, 인간관계와 관련된 많은 문제점은 대화 결핍에서 시작되며, 대화를 통해서 이러한 대부분의 문제를 해결할 수 있다.

'최선을 다하라'는 말, 그 이상이 필요하다

시애틀

시애틀에서 소프트웨어 회사를 경영하는 한 친구가 내게 자신의 종업원들이 얼마나 훌륭하고, 또한 자신이 얼마나 그들을 믿고 있는지 자랑스럽게 이야기하며 다음과 같이 말했다. "난 그들에게 일을 줄 때, '최선을 다하세요. 아무도 그 이상은 요구하지 않을 거예요.'라고 하거든." 하지만 친구가 말한 방법이 종업원에게 동기를 부여시키는 최선의 방법이 아니라고 내가 설명했을 때 그는 다소 어리둥절해 보였다. 나는 그에게 종업원이나 팀에 보다 구체적이고 도전적인 목표를 주었다면 더욱 큰 성공을 거둘 수 있었을 것이라고 말해주었다.

사람들은 목표가 없을 때보다 목표가 있을 때 더 높은 성과를 낸다는 것을 보여주는 수많은 연구 결과가 존재한다. 이러한 목표의 힘에 몇 가지 사실을 추가하면, 먼저 목표가 구체적일수록 성과가 향상된다. 또한 어려운 목표지만 그것이 수용되면 쉬운 목표보다 더 높은 성과를 창출한다. 마지막으로 목표 성취에 대한 피드백이 없는 것보다 피드백을 해주는 것이 더 높은 성과를 창출한다.

'최선을 다하라'는 식의 일반적인 목표보다 구체적인 목표가 더 높은 성과를 만들어낸다. 이때 내적인 자극으로서 작동하는 것은 목표의 구체성이다. 목표는 종업원들에게 무엇을 해야 하며, 그 목표를 달성하기 위해 어느 정도의 노력이 필요한지 말해준다. 예를 들어, 내 친구의 회사가 현재 진행 중인 프로젝트를 다음 달 말까지 끝내야 한다면, 그들은 구체적인 목표가 있는 것이다. 모든 조건이 동일할 때 구체적인 목표가 있는 개인이나 부서가 목표가 아예 없거나 '최선을 다하라'는 식의 일반적 목표를 가진 개인이나 부서보다 훨씬 더 높은 성과를 낸다.

'최선을 다하라'는 식의 일반적인 목표보다 구체적인 목표가 더 높은 성과를 만들어낸다.

능력과 목표의 수용과 같은 요소가 동일하다면, 목표가 더 어려울수록 성과의 수준도 더 높아진다. 더 어려운 목표는 목표 달성을 위해 전심전력을 다하게 하는 힘이 있다. 물론 쉬운 목표가 더 수용적인 것은 당연하다. 하지만 어려운 목표일지라도 종업원이 일단 그것을 수용하면 목표를 달성하기 위해 더 많은 노력을 하게 된다. 결국 관리자에게 필요한 것은 종업원에게는 어려운 목표지만 달성 가능하다고 믿게 만드는 것이다.

사람들은 자신이 목표를 어느 정도 성취하고 있는지 피드백을 받을 때 더욱 열심히 일한다는 많은 연구 증거가 있다. 왜냐하면 피드백은 종업원들이 지금까지 성취한 것과 앞으로 더 성취해야 할 것 간의 차이를 규명해 주는 데 도움을 주기 때문이다. 다시 말해, 피드백은 어떤 행동이 더 필요한지 안내를 해준다. 하지만 모든 피드백이 다 이런 힘이 있는 것은 아니다. 종업원 스스로 자신의 행동에 대해 판단한 피드백이 상사나 동료와 같이 외부에 의해 제공된 피드백보다 더욱 강력한 동기 요인이 된다.

목표가 구체적이고, 도전적이고, 또한 피드백을 포함해야 한다는 이야기는 너무나 당연해 별로 중요하지 않게 들릴 수도 있다. 하지만 실제 많은 관리자가 이 점을 간과하고 있다. 여러 연구를 통해서 알 수 있듯이, 많은 근로자가 자신의 업무에 구체적인 목표가 주어지지 않았으며, 또한 자신의 일에 대한 피드백도 없었다고 불평한다. 즉, 많은 근로자가 업무상 성취해야 할 구체적인 목표가 없으며, 자신이 일을 잘하고 있는지 아닌지도 모른다. 따라서 그들의 동기 수준은 낮을 수밖에 없다.

> 많은 근로자가 구체적인 업무 목표가 없다고 믿고 있다.

끝으로 목표의 힘에 대한 우리의 주장이 특정 문화에 국한된다는 사실을 덧붙인다. 이러한 목표 설정의 중요성에 대한 주장은 미국이나 캐나다와 같은 북미 문화권에서는 잘 적용된다. 목표 이론은 종업원들이 독립심 있고, 목표 달성을 위해 노력할 때 적용되기 때문이다. 하지만 이러한 요구 조건이 모든 나라에서 다 성립되는 것은 아니다. 예를 들어, 포르투갈이나 칠레와 같은 나라에서는 목표가 반드시 높은 성과로 이어진다고 기대하기 힘들다.

역자 주: 이 장의 핵심은 종업원에게 '최선을 다하라'는 말을 하지 말라는 것이 아니다. 당연히 아무런 말을 하지 않는 것보다 '최선을 다하라'고 격려하는 것이 더 고무적이다. 하지만 보다 더 고무적이려면 '최선을 다하라'는 말보다 더 구체적이고 도전적인 목표를 제시해주어야 한다. 따라서 미국의 많은 교과서에는 목표 설정을 SMART하게 하라고 한다. 즉, 구체적이고Specific, 측정 가능하고Measurable, 달성 가능하며Achievable, 결과가 분명하고Results-based, 시간 제한Time-bound이 있어야 한다.

전문직은
몰입을 원한다

살면서

어떤 일에 깊게 열중한 나머지 다른 어떤 것이 중요하지 않게 여겨진 때가 있었는가? 그 일을 할 때 여러분은 아마도 완전한 몰입에 빠져 시간이 가는 줄도 모르고 있었을 것이다. 대부분의 사람들에게는 그런 경험이 분명히 있다. 이러한 몰입은 여러분이 가장 좋아하는 일 -예를 들어 조깅, 스키, 춤, 문학서적 탐독, 컴퓨터 게임, 음악 감상, 고급스러운 음식 만들기- 을 할 때 경험했을 가능성이 높다. 이렇듯 어떤 일에 완전히 푹 빠진 상태를 몰입이라고 한다. 관리자들은 전문직을 동기부여하는 데 특별히 효과적인 방법으로서 이러한 몰입에 대해 관심을 가질 필요가 있다.

연구 결과에 따르면, 몰입 경험 자체가 항상 행복한 시간만은 아니다. 몰입은 깊은 집중의 시간이다. 하지만 이러한 몰입을 경험하게 해주었던 작업이 끝나고, 지난 일을 뒤돌아볼 때 많은 사람이 그러한 경험에 대해 만족감을 느낀다. 그리고 이런 만족감이 몰입의 경험으로부터 왔으며, 이로 인해 자신이 행복했다는 것을 인식하게 된다.

> 몰입 경험 자체가 항상 행복한 시간만은 아니다.

몰입을 이끌어내는 상황 조건이 있는가? 그렇다. 사람들이 몰입 경험을 묘사할 때, 일반적으로 자신이 하고 있었던 일의 공통된 특징에 대해 다음과 같이 이야기한다. 그 일은 도전적으로 높은 스킬을 요구한다. 또한 그 일은 목표 지향적이고, 그들이 얼마나 잘 수행하고 있는지에 대한 피드백을 제공한다. 또한 그 일은 고도의 집중력과 창의성을 요구한다. 그리고 사람들로 하여금 그 일을 제외한 다른 일에는 전혀 주의를 기울이지 못하게 한다.

여기 여러분을 놀라게 할 사실이 있다. TV 시청이나 휴식을 취하는 것과 같은 여가 활동에서는 몰입을 거의

> 몰입은 집이 아니라 직장에서 열심히 일할 때 보통 경험하게 된다.

경험하지 못한다는 것이다. 몰입은 집이 아니라 직장에서 열심히 일할 때 보통 경험하게 된다.

사람들에게 일을 덜 하고 싶으냐고 물으면, 그 대답은 '예'이다. 사람들은 여가를 행복이라고 생각한다. 그래서 자유 시간이 많아질수록 더 행복하다고 생각한다. 수천 건의 연구에 의하면, 사람들은 일반적으로 이러한 신념에 오도되어 있다. 예를 들어, 사람들이 집에서 시간을 보내게 되면 분명한 목표가 없어지고, 자신이 얼마나 잘하고 있는지도 모르며, 산만해지고, 심지어 자신이 가진 스킬이 제대로 사용되지 못한다고 느끼게 된다. 따라서 스스로 권태롭다고 생각하게 된다. 하지만 직무(일)는 몰입을 고취시킬 많은 특성을 가지고 있다. 우선 일은 분명한 목표가 있다. 그리고 일은 사람들이 얼마나 잘하고 있는지에 대해서 피드백을 주는데, 업무 프로세스 그 자체나 상사의 평가가 이런 역할을 한다. 사람들의 스킬은 일반

적으로 그들의 직무와 걸맞은 도전의식을 주게 된다. 직무는 사람들을 어떤 한 곳에 집중하도록 해주며 산만해지지 않게 해준다. 결국 여가가 아닌 일이 사람들에게 게임, 스포츠, 음악이나 예술로부터 얻을 수 있는 몰입을 제공한다.

관리자의 입장에서 이러한 몰입 경험으로부터 얻을 수 있는 시사점은 무엇인가? 일은 그 자체로 강력한 동기 요인이 된다. 그래서 가능하다면 부하들에게 업무/직무를 분배할 때, 이를 보다 도전적, 창의적으로 만들어주며, 업무 수행 시 본인들이 가지고 있는 스킬을 충분히 사용할 수 있도록 도와주며, 또한 그들에게 분명한 목표를 부여하고, 직무 관련 피드백을 제공해야 할 것이다. 이것이 소위 말하는 직무 재설계를 통한 종업원의 몰입 증가 방안이다.

모든 종업원이
도전적인 업무를
원하는 것은
아니다

최근에 경영 관련 컨설턴트로 일하는 친구가 "모든 사람은 도전적인 업무를 원하며, 도전적인 업무가 바로 월요일에 일어나 출근할 이유가 된다."고 말했다. 친구에게는 미안하지만, 그의 말은 틀렸다. 모든 사람이 다 도전적인 업무를 원하는 것은 아니다.

인간의 잠재력이나 성장 욕구에 관한 대중매체, 학자, 혹은 사회과학자들의 많은 관심에도 불구하고, 대부분의 사람들이 도전적인 업무를 원한다는 사실을 지지할 실제적인 증거는 없다. 몇몇 사람들은 매우 복잡하고 도전적인 업무를 원하지만, 또 다른 사람들은 그저 단순하고 일상화된 업무를 좋아한다.

누가 도전적인 업무를 더 선호할지와 관련하여 관심을 끄는 개인차 변인은 개인적 성장이나 자기 방향 설정과 같은 개인적 욕구의 강도이다. 높은 성장 욕구를 가지고 있는 사람들은 도전적인 일이 보다 적합하다. 하지만 일반 행정 업무를 담당하는 종업원 중에 과연 몇 퍼센트나 고차원적인 만족을 원하며 도전적인 직무에 긍정적으로 반응할까? 현재의 자료는 아니지만, 1970년대의 한 연구에 따르면 약 15%였다. 사무직 업무와 관련하여 빠르게 변하고 있는 근로 가치관이나 현대인들의 성장 욕구를 감안하더라도 그 수치는 40%를 넘지 않을 것이다.

도전적인 직무의 중요성을 주창한 목소리의 주인공은 근로자들이 아니라 오히려 교수, 사회과학 연구자나 대중매체 종사자였다. 이러한 사람들은 자기 자신에게 자율성과 인정, 도전성을 부여할 수 있는 직무를 원했기 때문에 지금의 경력을 선택한 것이 분명하다. 물론 그것은 그들의 선택이다. 하지만 그들 자신의 욕구를 일반적인 근로자들에게까지 투사하는 것은 다소 주제넘은 듯 보인다. 모든 근로자가 도전적인 직업(직무)을 원하는 것은 아니다. 많은 근로자가 그들의 고차원적인 욕구를 업무 외적인 곳에서 만족시킨다. 모든 사람에게는 동일하게 주당 168시간이 있다. 그중 일을 하는 시간은 30%가 채 되지 않는다. 이러한 사실은 강한 성장 욕구를 가진 개인들에게 직장이 아닌 다른 곳에서 이러한 욕구를 만족시킬 수 있는 기회를 제공한다.

여기서 관리자를 위한 메시지는 무엇인가? 모든 종업원에게 도전적인 직무를 부여하고 도전적인 업무 환경을 만들어주어야 한다는 책임감을 느낄 필요가 없다는 것이다.

일은 대다수의 근로자들에게 흥미나 도전의식을 주지 못한다. 게다가 그들은 직장에서 그러한 욕구를 만족시킬 기회를 기대하지도 않는다. 일은 그들에게 먹고 살기 위한 호구지책일 뿐이다. 그들은 직장이 아닌 골프 코스, 낚시터, 술집,

혹은 사교클럽에서 친구나 가족과 함께 있을 때 오히려 더 도전의식이 고취된다.

역자 주: 직무 특성과 관련한 연구들은 주로 미국에서 이루어졌는데, 일반적으로 근로자들은 다양한 과업을 포함하고, 일의 처음과 끝을 다 경험할 수 있어 그 일에 자신의 정체성을 부여할 수 있고, 자율성을 부여해주고, 조직과 사회에 기여할 수 있는 중요성을 가지고, 그 일을 자신이 잘 하고 있는지 아닌지 피드백을 제공하는 직무를 선호하고, 그런 일이 보다 유의미하다고 느낀다고 한다. 이러한 유의미함은 과업 동기, 직무 태도 및 성과를 높인다. 하지만 이러한 연구 결과가 미국 외에 다른 문화에 그대로 적용되지는 않는다.

피드백을 할 때는
사람이 아닌
행동을 비판하라

아무리

똑똑한 사람이라도 사람관리와 관련해서는 실수하기 마련이다. 스티브 잡스Steve Jobs와 빌 게이츠Bill Gates의 예를 들어보자. 두 사람은 모두 직원들의 아이디어가 빈약하거나 그 업무가 형편없을 때, 심하게 질책하는 것으로 알려져 있다. 부하들에게 '이런 바보' 혹은 '이런 멍청이'라는 심한 말을 서슴없이 했다고 한다. 그리고 그러한 모욕은 미팅에서 자주 발생해, 해당 직원들을 더욱 당혹스럽게 만들었다고 전해진다. 이 둘은 전 세계에서 가장 잘나가는 두 기업을 만든 장본인이고 개인적으로는 천재이지만, 그들의 이러한 모욕적인 발언은 해당 직원들의 업무 성과를 높이는 것과 아무런 관련이 없다는 것을 알아야한다.

피드백을 할 때는 행동을 비판해야지, 사람을 비판해서는 안 된다는 단순한 조언을 얼마나 많은 관리자가 어기고 있는가? 놀라운 정도로 많은 관리자가 "성공적인 피드백은 구체적 행동에 집중해야 하고 인신공격적이지 않아야 한다."는 조언을 무시하고 있다.

> 성공적인 피드백은 구체적 행동에 집중해야 하고 인신공격적이지 않아야 한다.

피드백은 구체적이어야지 일반적이면 안 된다. 관리자들은 "당신은 태도가 안 좋아." 혹은 "나는 여러분이 한 일에 감명 받았습니다."와 같은 언급을 피해야 한다. 이러한 언급은 매우 모호하며, 정보를 제공하기는 하지만 '나쁜 태도'를 고치기 위해 필요한 정보를 충분히 주지 않으며, 어떠한 근거로 '일을 잘했는지'에 대해 말해주지 못한다. 명확한 피드백이 되기 위해서는 다음과 같이 언급해야 한다. "밥, 나는 일에 대한 당신의 태도가 걱정됩니다. 당신은 어제 실무자 회의에 30분이나 늦었고, 우리가 논의하고 있는 보고서를 읽지 않았습니다. 오늘은 치과 약속을 이유로 3시간이나 먼저 자리를 비운다고 하고 있습니다." 혹은 "잔, 나는 필립스사에 대한 당신의 일처리에 매우 흡족합니다. 그들은 지난달보다 22%를 더 구매하기로 했고, 며칠 전에는 댄 필립스로부터 전화를 받았는데, MJ-7 마이크로칩에 대해 그들이 갑작스럽게 명세서를 바꾸었는데도 당신이 신속하게 대응해주었다고 칭찬하더군요." 이상의 피드백은 구체적인 행동을 언급함으로써, 관리자가 종업원에게 왜 그들이 비판받아야 하고, 혹은 칭찬받아야 하는지 자세히 말해주고 있다.

게다가 피드백 -특히 부정적인 경우- 은 판단적이거나 평가적이어서는 안 되고, 묘사적이어야 한다. 예를 들어, 관리자는 자신이 얼마나 화가 났건 간에 직무와 관련된 피드백을 주어야 하고, 부적절한 행동 때문에 부하를 개인적으로 비판해서는 안 된다. 사람들에게 '멍청한' '무능한'과 같은 이야기를 하는 것은 비생산적인 행동이다. 이러한 피드백은 감정을 자극시켜 상대가 말

> 피드백은 판단적이거나 평가적이어서는 안 되고, 묘사적이어야 한다.

은 바 역할을 충분히 수행하지 못했다는 점을 간과하게 만든다. 관리자가 부하를 비판해야 한다면, 직무와 관련된 행동을 비판해야지 사람 자체를 비판해서는 안 된다. 여러분은 종업원에게 가끔씩 '무례하고 현명하지 못하다'고 말하고 싶을 것이다. 하지만 이것은 너무 인신공격적이다. 오히려 다음과 같이 이야기해야 한다. "내가 아일랜드의 고객과 국제 전화를 하고 있는 걸 알면서도 당신은 세 번이나 별로 긴급하지 않은 질문으로 나를 방해했습니다."

피드백과 관련한 마지막 교훈은 다음과 같다. 만약 피드백이 부정적이라면, 그 행동이 부하의 통제하에 이루어졌는지 확인해야 한다. 부하가 통제할 수 없는 점에 대해 비판하는 것은 아무런 건설적인 가치가 없다. 따라서 부정적인 피드백은 부하의 통제하에서 수정이 가능한 행동에 대해 가해져야 한다. 예를 들어, 알람시계를 맞추는 것을 잊어 지각한 부하의 부주의함에 대해서 비판하는 것은 타당하다. 하지만 지하철 사고로 인해 지각했다면, 그 부하를 비판해서는 안 된다. 그건 아무런 의미가 없다. 이러한 일이 일어나지 않도록 부하가 할 수 있는 일이 전혀 없기 때문이다.

역자 주: 피드백과 관련해서 관리자가 반드시 알아야 할 팁 중 하나는, 최악의 피드백은 부정적인 피드백이 아니라 피드백이 없는 것이라는 점이다. 따라서 훌륭한 관리자가 되려면, 부정적인 피드백을 주는 것을 회피하려고 하면 안 된다. 이는 오히려 종업원의 사기를 더욱 떨어뜨린다. 긍정적인 피드백과 부정적인 피드백을 동시에 주어야 한다면, 가급적 긍정적인 피드백을 먼저 주는 것이 낫다. 이는 부정적인 피드백을 받게 될 경우, 이에 따른 정서적 충격으로 이후의 정보가 제대로 인지되지 않기 때문이다. 혹은 긍정적인 피드백 사이에 부정적인 피드백을 껴 넣는 것도 괜찮은 전략이다.

진실 19

보상한 대로 얻는다

경찰 연구에 정통한 한 경영 컨설턴트는 한 마을의 경찰관들이 종종 출근하자마자 순찰차에 올라타 마을을 가로지르는 고속도로를 질주하면서 근무시간 내내 순찰만 하는 것을 발견했다. 분명히 이렇게 마구 돌아다니는 형태의 순찰은 적절한 순찰 행위가 아니다. 하지만 그 컨설턴트는 시경에서 순찰 마일리지로 경찰들의 효과성(성과)을 판단한다는 사실을 알고, 이러한 현상의 이유를 이해할 수 있었다. 시경에서 의도한 것은 아니지만 결국 '마일리지를 많이 늘리는 행동'을 보상하고 있었던 것이다.

많은 관리자가 그들이 단념시키고자 한 근로자의 행동을 오히려 보상하고, 실제로 그들이 원하는 행동은 제대로 보상하지 못하는 경우

> 많은 관리자가 그들이 단념시키고자 한 근로자의 행동을 오히려 보상하고, 실제로 그들이 원하는 행동은 제대로 보상하지 못하는 경우가 많다.

가 많다. 몇몇 예를 통해 이러한 안타까운 현상을 볼 수 있다. 관리자들은 팀워크가 중요하다고 자주 이야기하지만, 실제로는 개인의 업적에 따라서 보상하고 있으며, 심지어 종업원들이 왜 서로 치열하게 경쟁하는지 의

아해한다. 또한 경영진은 품질이 중요하다고 역설하면서도 겉만 그럴 듯한 일을 한 부하는 나무라지 않고 품질에 집중하다가 생산량을 달성하지 못한 부하를 나무란다. 이사회에서는 윤리적인 관리자의 중요성에 대해 소리 높여 이야기하고는 윤리적으로 의심스런 행동을 보인 관리자에게 승진의 기회를 주는 경우가 허다하다. 또한 예산 절감이 중요하다고 하면서 정작 예산을 절감하면 차년도 예산을 그만큼 혹은 그 이상으로 삭감하는 경우도 있다.

자신의 부하들이 동기 결핍이라고 주장하는 관리자들은 자신이 부하들에게 원하는 행동이 아닌 다른 행동에 대해 보상을 하고 있는지 반드시 살펴봐야 한다. 그리고 어떤 종류의 행동이 보상되고 있는지 알아보아야 한다. 이러한 조사를 통해 많은 조직이 보상해야 하는 것에 대해 실제로는 보상하지 않는 것을 자주 발견할 수 있다. 분명한 것은 만약 사안이 이와 같다면, 조직이 원하는 행동이 보상받을 수 있도록 보상 시스템을 변경해야 한다. 만약 품질을 원한다면 품질에 대해 보상해야 한다. 또한 윤리적 행동을 원한다면 윤리적으로 행동하는 종업원을 보상해야 한다.

보상 시스템을 변경하는 것이 복잡한 작업일 필요는 없다. 작은 조정만으로도 큰 차이를 만들 수 있다. 집에서 쓰는 사소한 기법이 일터에도 적용될 수 있다. 예를 들어, 여러분이 두 아이에게 하나의 막대 사탕을 사준다면 두 아이가 막대 사탕을 놓고 싸울 것이라고 뻔히 예상할 수 있다. 하지만 막대 사탕을 한 아이에게 주고 그것을 반으로 나누되, 형이나 누나가 먼저 선택하게 해주라고 말하면 어떨까? 이렇듯 공동 책임에 대해 보상하는 단순한 프로세스는 막대 사탕을 공정하고 정확하게 양분하는 등 개선된 결과를 낳았고 싸움은 급격히 감소되었다.

이와 같은 논리를 새로운 회사 빌딩에서 사무실을 나눠야 하는 한 조직장이 이용했다. 사이가 좋지 않은 데이브와 척이 10개의 사무실을 놓고 자신들이 사용할 사무실에 대해 계속 논쟁하고 있었다. 데이브가 어떤 사무실을 원하면, 척도 그 사무실을 선호하는 형국이었다. 결국 몇 주간의 싸움 끝에 조직장은 데이브에게 사무실 두 곳을 먼저 선택하게 했다. 그리고 그 두 곳 중에서 척이 먼저 자신이 원하는 곳을 선택하고, 데이브는 나머지 사무실을 쓰라고 지시했다. 결과적으로 데이브는 자신에게 괜찮아 보이는 사무실 두 곳을 골랐고, 척이 원하는 사무실을 먼저 골라도 괜찮았다. 결국 두 사람 모두 만족했다.

마지막 논평은 다음과 같다. 올바른 행동에 대해 보상해야 하는 것의 중요성은 우리 친척 중 부유한 한 분이 자신의 아들에게 한 말로 더욱 명확해졌다. "아들아, 나의 저축에 대해 너무 신경 쓰지 마라. 내가 죽으면 그것은 다 너의 것이다." 그 친척은 아주 행복하게 살았지만, 그녀의 아들이 자신의 죽음을 학수고대했는지는 전혀 알지 못했다. 이러한 말을 한 후에 분명히 그녀는 아들로부터 이전과는 다른 대접을 받았을 것이다. 왜냐하면 그녀가 죽게 되면 그 아들이 거대한 유산을 상속받도록 유언장에 쓰여 있었기 때문이다. 그녀가 말년에 아들에게 다음과 같이 이야기를 했더라면 그 아들은 그녀를 더욱 잘 돌보았을 것이다. "내가 살아 있는 동안 매년 너에게 5만 달러씩 줄 것이다. 그러나 내가 죽으면 나머지 모든 돈은 자선단체에 기부될 것이다." 그녀가 만약 이러한 방법을 취했다면, 아들은 그녀의 삶을 단축하기 위해서가 아니라 연장시키기 위해 많은 노력을 했을 것이다.

역자 주: 왜 연말이 되면 추운 날씨에도 불구하고 여러 관공서에서 이런저런 공사를 시행하는가? 이는 그해 예산을 아끼면 칭찬을 받고 보너스를 받는 것이 아니라, 그만큼 내년 예산이 삭감되기 때문이다. 따라서 내년 예산 삭감을 막기 위해, 올해 예산을 소진 혹은 낭비하는 것이다. 왜 정치인들은 뜬구름 잡는 허울 좋은 공약을 발표하는가? 숫자에 근거한 구체적인 공약을 제시했다가 나중에 이를 지키지 않았을 경우, 쉽게 흠 잡힐 수 있기 때문이다. 또한 우리는 이러한 정치인들의 행태를 비판하기보다 오히려 부추기기 때문이다. 왜 우는 아이에게 사탕을 주어서는 안 되는가? 나중에는 울 일이 없어도 그저 사탕이 먹고 싶어 울기 때문이다. 따라서 아이가 이유 없이 우는 행동을 중단시키려면 그러한 울음에 절대로 보상을 해주어서는 안 된다. 무관심과 같은 처벌을 주어야 한다. 마지막으로 많은 관리자가 일을 빨리 잘 끝낸 부하에게 칭찬과 격려, 보너스 대신에 더 많은 일을 주는 경향이 있다. 이 경우, 관리자는 부하를 인정하고 고무시켜 주었다고 생각하겠지만 그 부하는 이후부터 고의로 일을 천천히 하게 될 것이다. 혹은 일이 빨리 끝나도 알리지 않을 것이다. 이것이 소위 A를 바라면서 B에 보상을 주는 바보짓이다. A를 바라면 A에 보상을 주어야 마땅하다.

모든 것은
상대적이다

한 메이저리그 야구선수가 스프링 캠프에 합류하지 못하겠다고 자신의 팀에 통보했다. 그는 이번 시즌에만 750만 달러의 연봉을 받기로 이미 계약되어 있었지만, 열심히 뛸 동기가 없다는 이유에서였다. 그는 팀에 다시 협상을 하든, 아니면 자신이 더 많은 돈을 벌 수 있도록 트레이드를 시켜달라고 요구했다. 이 선수도 그의 에이전트도 750만 달러가 적은 연봉이라고 말하지는 않았지만, 보통 이러한 주장은 상대적으로 자신의 보상 수준을 보는 데서 연유한다. "나만큼 플레이를 잘하지 못한 선수(나보다 승수가 적고, 인상적인 기록을 만들지 못한 선수)가 더 많은 연봉을 받고 있어요."

수많은 연구 결과를 통해 사람들은 '절대적인 보상 수준'이 아니라 '상대적인 보상 수준'을 중요시한다는 것이 밝혀졌다. 그들은 자신이 직무에 투입하는 입력(노력, 근무시간 등)과 자신이 받는 결과(급여, 연봉 인상, 인정 등)를 비교한다. 다시 말해 입력 대비 결과의 비율을 본다. 그리고 자신과 비교할 만한 다른 사람을 둘러본다. 이러한 참조인은 친구, 친척, 이웃, 동료, 다른 조직의 같은 직급의 사람들이거나 자신이 이전에 종사했던 일이다. 마지막으로 그들은 자신의 입력, 결과의 비율을 이러한 참조인의 것과 비교하면서 자신이 현재 형평성 있게 대우받고 있는지를 면밀히 조사한다. 앞서 언급한 야구선수의 경우, 그는 자신의 연봉과 기록을 같은 포지션의 다른 야구선수와 비교했다. 그리고 자신이 과소 보상을 받고 있다고 판단하고는 '파울'을 외쳤던 것이다.

사람들은 이러한 비교를 통해 자신이 '공정한 대우를 받고 있거나, 과소 보상을 받거나, 과대 보상을 받고 있다'는 3가지 결론 중 한 가지에 이른다.

먼저 공정한 대우는 동기에 긍정적인 영향을 미친다. 다시 말해, 종업원들은 자신의 기여에 대해 형평성 있게 보상을 받는다고 느낄 때 동기부여가 된다.

하지만 과소 보상을 받는다고 지각하면 보통 화를 낸다. 그리고 이러한 화를 줄이고 형평성을 확보하기 위해 자신의 행동이나 지각을 조정한다. 예를 들어, 유급 병가를 더 많이 낸다거나, 늦게 출근해서 일찍 퇴근하고, 노력을 덜 기울이며, 연봉 인상을 요구하고, 심지어 자신의 몫을 찾는다는 미명하에 회사의 물품을 훔치기도 한다. 그들은 자신의 입력과 출력을 다른 사람과 면밀히 재비교하거나, 비교 대상을 변경하기도 한다. 극단적으로는 과소 보상을 받은 종업원이 심각하게 이직을 고려할 정도의 분노 상태에 이르기도 한다. 과소 보상을 받은 사람이 보이는 적극적 대처 행동은 그 사람이 얼마나 형평성에 민감한 사람인가에 의해서 상당히 좌우된다. 몇몇 종업원은 이러한 불형평성을 무시하고 불편함을 덜 느끼기 위해 자신의 지각을 잘 조정한다. 하지만 많은 전문직이나 엔지니어들은 형평성에 매우 민감하다. 그들은 이러한 지각된 불형평성을 교정하기 위해 금방 회사를 옮길 수도 있다.

과대 보상을 받을 때는 죄책감을 느끼며 행동한다. 그리고 이러한 죄책감을 줄이기 위해 보통 더 열심히 일하고, 교육을 더 열심히 받으며, 다른 동료들을 돕고, 유급 휴가 때조차 일하기도 한다. 하지만 이러한 죄책감이 봉급을 삭감해달라는 요구로 연결되지는 않는다. 사실 사람들은 과소 임금(보상)보다는 과대 임금으로 인한 불형평성을 훨씬 더 잘 견딘다. 그리고 과대 보상을 보다 잘 합리화한다.

> 사람들은 과소 임금보다는 과대 임금으로 인한 불형평성을 훨씬 더 잘 견딘다.

역자 주: 이러한 이유 때문에 많은 회사에서 채용 시 연봉누설금지 각서를 요구하기도 한다. 미국의 경우, 이러한 약속을 위반하면 해고도 각오해야 한다.

인정은 비용이 들지 않는 강력한 동기부여 방법이다

몇 년 전, 다양한 직종에 종사하는 1,500명의 근로자들을 대상으로 가장 강력한 직장 내 동기부여 방법이 무엇인지를 묻는 설문 조사를 실시한 적이 있다. 그들의 대답은 무엇이었을까? 바로 '인정'이다. 다른 조사에서도 종업원들은 자신이 한 일에 대한 상

가장 강력한 직장 내 동기부여 방법은 무엇인가? 바로 '인정'이다.

사의 칭찬이나 감사가 가장 강력한 동기부여 방법이라고 대답했다. 하지만 불행하게도 이 조사에서 58%의 종업원은 자신의 관리자가 보통 이러한 칭찬을 하지 않는다고 말했다.

오늘날처럼 경쟁이 치열한 글로벌 경제하에서는 대부분의 조직이 심각한 비용 절감 문제로 고생하고 있다. 이런 점에서 볼 때 인정 프로그램은 더욱 매력적이다. 다른 동기부여 방법과는 달리, 종업원의 성과를 인정하는 것은 비용이 거의 들지 않기 때문이다. 최근 3,000명의 고용주를 대상으로 한 조사에서 왜 3분의 2 정도가 특별한 인정 프로그램을 사용하고 있거나, 사용할 것이라고 말했는지 알 수 있는 대목이다. 인정은 특히 저임금 근로자에게 효과적인 동기부여 방법이 될 수 있다. 이 경우 인정은

거의 비용이 들지 않으며, 종업원의 자긍심을 고양시키는 데 도움이 된다. 예를 들어, 코네티컷 주에 있는 파인호스트Fine Host라는 식품 회사에서는 품질상을 수여하고, 수상한 직원의 이름을 회사 빌딩에 게시한다. 뉴욕 주의 린브룩Lynbrook에 위치한 올 메트로 헬스케어All Metro Health Care에서는 올해의 '간병인Home Health Caregiver'을 선정하여 상을 수여하고, 분기별 교육에서 우수한 성적을 거둔 종업원에게 시계와 믹서 등과 같은 시상품을 준다.

우리는 여러 연구 결과를 바탕으로, 어떤 긍정적인 행동을 했을 때 즉시 인정하고 보상해주는 것이 이러한 행동의 반복을 촉진시키는 가장 효과적인 도구로 밝혀졌다는 것을 알고 있어야 한다. 그렇다면 관리자는 종업원들에게 동기부여하기 위해 인정 프로그램을 어떻게 사용해야 할까? 종업원의 성과를 개인적으로 축하해주는 방법이 있다. 가령 손글씨로 쓴 감사의 메시지를 보낸다거나, 잘한 일에 대한 감사의 마음을 전달하는 이메일을 보내는 것이다. 만약 사회적으로 인정받고 싶은 욕구가 강한 종업원이라면 공개적으로 성과를 인정해주는 것이 좋다. 이때 관리자는 집단 응집력과 동기부여를 위해 팀의 성공을 축하해주며, 그들의 기여와 업적을 인정해주는 것이 중요하다.

그리고 작은 일이 큰 의미가 될 수 있다는 점을 명심하라. 플로리다 주 케이프코럴Cape Coral에는 리 메모리얼 헬스 시스템Lee Memorial Health System이라는 회사가 있다. 이 회사가 『모던헬스케어Modern Healthcare』라는 잡지에 미국의 100대 건강보조회사로 선정된 기념으로 5,000명 전 직원에게 감사의 선물을 주었다. 특별한 열쇠고리였는데, 이 조그만 선물이 큰 의미를 가질 수 있다는 것을 알게 되었다. 회사에서 주문 제작한 황동 열쇠고리에는 '귀중한 직원'이라는 문구와 종업원의 입사 연도가 새겨져 있었다. 이 열쇠고리는 개당 4.5달러에 불과했지만, 강력한 동기부여 방법으로 판명되었다. 회사 대표는 다음과 같이 말했다. "내가 건강보조 분야에 종사한 이후로 이 열쇠고리만큼 우리 종업원을 흥분시킨 것은 보지 못했습니다. 나는 종업원들로부터 '생각해주서셔 감사하다'는 내용의 수많은 감사 카드와 이메일을 받았습니다."

직원들의 성과를 인정할 때 한 가지 주의할 것이 있다. 바로 진심으로 인정을 해주어야 한다는 것이다. 놀랍게도 사람들은 어떤 말이나 행동이 진심인지 아닌지를 아주 잘 알아챈다. 예를 들어, 정말 탁월하지도 않은 성과에 대해 칭찬해주는 것은 전혀 동기부여에 도움이 되지 않는다.

역자 주: 간략한 내용이라도 감사의 마음을 전하는 이메일, 카드, 편지는 큰 도움이 된다. 감사를 전할 때는 말보다 글이 더 강력한 힘을 발휘하며, 이러한 감사의 글은 일이 발생한 후 며칠 내에 전달하는 것이 효과적이다.

고高성과에는
동기 이상의
무엇이
필요하다

로빈과 크리스는 몇 년 전에 초등교육 학사 학위를 취득하고 졸업과 동시에 서로 다른 학교에 1학년 교사로 부임했다. 로빈은 곧 자신의 직무와 관련해 많은 장애에 부딪혔다. 그의 학급은 30명의 과밀학급이었고, 교실은 지저분하고 작았으며, 비품 또한 충분하지 않았다. 하지만 크리스의 상황은 정반대였다. 그의 학급은 15명이었고, 주당 15시간을 돕는 교육 보조 요원이 따로 있었으며, 교실은 현대적이고 조명도 매우 좋았다. 거기에다 비품이 잘 채워진 캐비닛과 매킨토시 컴퓨터까지 있었다. 부임한 첫해가 지나자 당연히 크리스는 로빈보다 훨씬 더 효과적인 선생님이 되어 있었다.

이 사례는 분명하지만 가끔씩 간과하는 사실을 보여준다. 직무에서의 성공은 주변 환경을 비롯한 지원의 여부에 따라 촉진되기도 하고 방해받기도 한다는 것이다. 종업원의 동기가 아무리 충만해도 작업 환경에 대한 지원(충분한 자원 등)이 없다면 성과는 좋을 수 없다.

> 종업원의 동기가 아무리 충만해도 작업 환경에 대한 지원(충분한 자원 등)이 없다면 성과는 좋을 수 없다.

우리는 흔히 종업원의 성과에 대해 능력과 동기의 상호작용 함수라고 생각한다. 다시 말해, '성과=f(능력×동기)'이다. 만약 능력 또는 동기가 부족하다면, 성과는 부정적인 영향을 받을 것이다. 예를 들어, 보통의 능력을 가지고 열심히 노력하는 선수가 재능은 천부적이지만 게으른 선수보다 왜 성과가 더 좋은지 이 함수를 통해 알 수 있다. 하지만 이 성과의 함수에는 중요한 요소가 빠져 있다. 바로 '기회'로, '성과=f(능력×동기×기회)'이다. 비록 능력이 충분하고 기꺼이 어떤 일이든 실행하고자 하는 동기가 있다 해도 거기에는 성과 창출에 방해가 되는 장애가 있을 수 있다.

우리가 생각하기에 일을 잘할 것 같은 종업원이 왜 기대치에 못 미치는지 알아보고 싶다면, 그들의 근무 환경에 지원이 제대로 이루어지고 있는지 살펴보아야 한다.

우리가 생각하기에 일을 잘할 것 같은 종업원이 왜 기대치에 못 미치는지 알아보고 싶다면, 그들의 근무 환경에 지원이 제대로 이루어지고 있는지 살펴보아야 한다.

종업원이 적절한 도구와 장비, 자료 및 공급품을 가지고 있는가? 또한 종업원에게 호의적인 근무 조건, 구체적으로 도움을 주는 동료, 성과 창출을 지원하는 작업 규정과 절차, 일과 관련한 의사결정을 내리는 데 필요한 충분한 정보, 좋은 성과를 내기에 충분한 시간 등이 있는가? 만약 그렇지 않다면 성과는 좋을 수가 없다. 그리고 진실 43에서 논의되고 있는 것처럼, 여러분은 관리자로서 직원들이 디지털 기기에 주의를 빼앗기지 않도록 적절히 조치해야 한다. 오늘날 많은 근로자는 문자메시지나 인스타그램Instagram, 페이스북Facebook, 유튜브YouTube 등 다양한 디지털 주의분산물에 무방비로 노출되어 있다. 이러한 디지털 주의분산물들은 직원들의 동기와 능력을 떨어뜨리는 부정적 업무 환경이 될 수 있다는 것을 알아야 한다. 다만 진실 43에서도 논의되었듯이, 이와 관련해 분명한 회사 방침을 세우고, 직원들로 하여금 하루에 일정 시간 동안 디지털 기기를 사용하게 해주는 것도 고려해야 한다.

역자 주: 오래전 일이지만, 미국의 소방서에서는 여자 소방수의 채용을 매우 꺼렸다. 여자 소방수들이 일을 잘 못한다는 이유 때문이었다. 하지만 산업심리학자들이 조사한 결과, 여자 소방수들이 일을 못한 이유는 소방 의복과 도구(특히 사다리)가 너무 무거웠기 때문이었다. 소방 의복과 도구를 가벼운 재질로 바꾸자, 여자 소방수와 남자 소방수 간의 직무 성과 차이는 사라졌다. 또한 어떤 종업원들은 능력과 동기가 모두 높지만, 자신들을 괴롭히는 동료나 상사 때문에 열심히 일할 의욕을 잃기도 한다. 즉, 관리자들은 직무 성과가 능력, 동기뿐만 아니라 직무 환경(작업 도구, 인간관계 등도 포함)에 의해서도 좌우된다는 점을 간과해서는 안 된다.

'충성심'은 지고,
'**열정**'은 뜨고!

여러분의 아버지나 할아버지는 아마도 한 직장에서 평생 동안 꾸준히 경력을 쌓았을 것이다. 그 시절에는 근로자들이 조직에 충성심을 보였고, 조직은 이에 평생고용으로 보답했다. 하지만 평생직장, 평생고용의 시절은 이미 지나갔다는 것을 우리는 모두 알고 있다.

1980년대부터 세상은 급격히 변화했다. 시장의 변화에 대처하기 위해 회사에서는 이전보다 더욱 높은 유연성을 원했다. 회사 중역들은 이전보다 흑자를 내야 한다는 압박감에 시달리기 시작했다. 이전에 존재했던 국가 간 무역 장벽은 무너졌고, 새로운 글로벌 시장이 형성되면서 새로운 경쟁자들이 외국에서 들어왔다. 정신없이 변화하는 기술과 컴퓨터 및 인터넷의 발달은 기존의 사업과 산업 분야를 마구 흔들어 놓았다. 이러한 변화에 대응하기 위해, 회사에서는 건강보험 비용을 근로자들에게 부담시키기 시작했고, 기존의 평생 보장 연금 시스템을 401K와 같은 제한적 보장 연금 시스템으로 대체하기 시작했다. 이러한 변화는 아이러니하게도 근로자들의 이직을 더욱 용이하게 만들었다. 회사에서는 비용 절감과 유연성 제고라는 이름하에 정규직 직원을 임시직 직원으로 대체하기 시작했다.

또한 대형 해고를 실시한 회사에 붙여졌던 부정적 인식은 점차 사라졌다.

이러한 변화가 일어나는 동안, 근로자들도 변화의 징후를 읽고 있었다. 그들은 자신의 경력에 대해서 스스로 책임져야 한다는 인사관리 컨설턴트들의 말을 믿기 시작했다. 많은 근로자가 자신을 어떤 특정 회사에 얽매인 직원으로 보지 않고, 언제든 좋은 기회가 있으면 이직할 수 있는 프리에이전트로 인식하기 시작했다. 즉, 자신의 브랜드에 대해서 회사에 의존하기보다 스스로 책임지기 시작했다.

2006년과 2012년 사이에 이루어진 설문 조사에 따르면, 이직을 진지하게 고려하는 직원들의 비율이 23%에서 32%로 증가한 것으로 나온다. 또 다른 조사에서는 76%의 정규직 직원들이 현재 이직을 고려하지는 않지만 언제든 좋은 기회가 있으면 이직이 가능하다고 응답했다. 이런 점을 고려하면, 현재 근로자들이 한 직장에서 체류하는 평균 근속연수가 고작 4.4년이라는 사실이 별로 놀랍지 않을 수 있다. 이러한 변화의 소용돌이 속에서 근로자들의 충성심은 분명히, 큰 타격을 입고 서서히 사라져가고 있다.

> 1980년대 이후, 변화의 소용돌이 속에서 근로자들의 충성심은 큰 타격을 입고 서서히 사라져가고 있다.

만약 여러분이 직원들로부터 충성심을 기대할 수 없다면, 다른 무엇을 기대할 수 있을까? 그 대답은 바로, 근로자들의 '열정'이다.

'열정'은 자신이 하고 있는 일에 대한 관여, 만족, 열망을 포괄하는 개념이다. 다음과 같은 질문에 대한 대답은 열정과 관련되기 마련이다. "일과 관련해서 필요한 자원(도구, 지원, 교육 등)이 충분합니까?" "새로운 기술을 배울 기회가 있습니까?" "현재 하고 있는 일이 중요하고 또한 의미 있다고 느낍니까?" "상사와의 여러 상호작용과 교류가 가치 있게 느껴집니까?"

열정이 높은 근로자들은 그들의 직장에 정서적인 애착을 느끼고, 자신이 하는 일에 대해 애정이 있으며, 또한 회사에 깊은 유대감을 느낀다. 반대로 열정이 낮은 근로자들은 자신의 일에 시간은 투입하더라도 관심과 애정은 투입하지 않는다. 열정이 전혀 없는 근로자들은 자신의 직장을 부정적으로 보며, 자신의 부정적 정서와 사고를 다른 직원들에게 전염시킨다.

36개 회사의 8,000개 부서를 대상으로 한 메타분석 연구에 따르면, 열정이 높은 부서일수록, 부서 실적이 높았고 이직률이 낮았다. 다른 연구들도 높은 열정이 직무 애착도를 높이고, 이직 의도를 낮추며, 업무 성과와 조직 시민행동을 높인다고 일관되게 보고하고 있다. 본질적으로, 열정이 높은 근로자들은 조직에 대한 충성심을 맡은 바 업무를 더욱 열심히 하고 조직에 대한 몰입도를 높이는 방식으로 드러낸다.

> 열정이 높은 근로자들은 조직에 대한 충성심을 맡은 바 업무를 더욱 열심히 하고 조직에 대한 몰입도를 높이는 방식으로 드러낸다.

관리자로서 어떻게 하면 직원들의 열정을 높일 수 있을까? 많은 연구들이 이에 대한 해답을 자세히 제공하고 있다. 본질적으로 직무 설계, 상사 및 동료와의 관계, 직무 환경, 인사관리 제도 등 4가지 영역이 중요한 것 같다. 좀 더 구체적으로 살펴보면 첫째, 자율성과 권한 부여를 높이는 방향으로 직무를 설계해야 한다. 둘째, 부하의 장점과 성과를 충분히 인정해 주고 지원적인 피드백을 해주며, 부하 개개인의 차이를 인정하고 상호 간 신뢰를 증진하는 리더십을 보여야 한다. 셋째, 일하기 즐거운 업무 환경을 만들어주어야 한다. 넷째, 회사의 인사관리 제도를 잘 운영함으로써 직원들로 하여금 공정한 느낌이 들도록 해야 한다.

역자 주: 여러 연구에 따르면, 한 개인의 열정 수준이 그 개인의 직무 성과에 미치는 영향보다, 한 집단(팀, 회사)의 열정 수준(평균)이 그 집단의 성과에 미치는 영향이 더 크다고 한다. 즉, 열정이 중요한 이유는 집단의 열정이 그 집단을 구성하는 개인들의 열정의 단순 합보다 더 크기 때문이다.

PART
03

리더십에
관한
진실

진실이
아닌 것으로
판명된
5가지 리더십 신화

주름살

제거제나 체중 감소 프로그램과 같은 몇몇 예를 제외하고는 리더십처럼 진실로 가장한 난센스가 넘쳐나는 분야도 없을 것이다. 진실이 아닌 것으로 판명된 5가지 리더십 신화를 살펴보자.

신화 1. 리더십은 선천적으로 타고나는 것이다

이것의 핵심 내용은 리더십 자질은 특정한 개인에게서만 발견된다는 것이다. 이 신화에 따르면 특별한 부류의 사람들은 리더십 자질을 갖고 태어나지만, 그렇지 않은 대부분의 사람들은 리더를 추종하도록 태어난다는 것이다. 행동 유전학 연구 결과에 따르면, 리더십 발현(타인으로부터 리더로 인정받는 과정)은 유전학적 기초를 갖는다. 여러 관련 연구들을 종합하면, 리더십 발현의 30%는 유전학적 요소로서 설명된다. 하지만 나머지 70%는 환경적 요인들에 의해 좌우된다. 따라서 리더십과 관련된 몇몇 특성들(지능, 외향적·적극적 성격 등)은 유전적으로 결정되지만, 리더십은 학습될 수 있는 여지가 충분하다. 다시 말해서, 다양한 경험이나 훈련을 통해 리더십을 배양할 수 있다. 즉, 리더십과 관련해 우리는 유전적 요소에 너무 신경을 쓰지 않아도 된다.

신화 2. 성공하는 리더들은 공통적인 특성을 가지고 있다

언론 매체들은 성공하는 리더가 공통으로 갖추어야 할 여러 특성들을 찾고 그것을 홍보하는 데 있어서 열심이지만, 그리 잘하고 있는 것 같지는 않다. 언론 매체들은 리처드 브랜슨Richard Branson, 스티브 잡스, 그리고 버락 오바마Barrack Obama와 같은 리더들은 카리스마가 있고, 열정적이고, 결단력 있고, 또한 용감하다고 칭송한다. 마치 그러한 특성들이 성공하는 리더들의 공통적인 특성인 양 떠들어댄다. 이와 관련한 연구 결과는 어떠할까? 리더와 비리더를 구분하는 여러 특성들이 오래전부터 연구되어 왔다. 예를 들어, 야망과 정열, 지도자가 되고픈 욕망, 자신감, 지능 등과 같은 것들이다. 이러한 특성들은 우리가 어떤 사람을 리더라고 지각하는지 혹은 그렇지 않은지에 관한 지각(리더십 발현)을 설명하는 데는 매우 강력하다. 하지만 성공하는 리더들이 어떠한 공통된 특성들을 가지고 있다는 확신을 주지는 못한다. 왜 그럴까? 첫째, 아무리 좋은 특성이라도 모든 상황에서 도움이 되는 것은 아니다. 앞서 나열한 특성들은 한정된 상황에서만 리더십을 예측한다. 예를 들어, 어떤 조직에서는 자신감이 넘치고 지적인 리더가 더 성공하지만, 다른 조직에서는 섬세하고 배려심 깊은 리더가 더 성공할 수 있다. 둘째, 리더십과 특성 간의 관련성에 관한 연구들은 원인과 결과에 대해 분명한 해답을 제공하지 못한다. 자신감 있는 사람이 리더로서 성공하는지, 혹은 성공한 리더가 그러한 성공을 바탕으로 자신감을 갖게 되는지 아직까지 분명한 연구 결과는 없다. 셋째, 특성은 리더십 효과성(리더로서 조직을 잘 이끌어 성과를 내는 과정)보다는 리더십 발현을 더 잘 예측한다.

즉, 야망이나 자신감과 같은 특성을 보유한 것 자체가 리더십 효과성을 예측한다고 말할 수는 없지만, 그러한 특성을 가진 사람들이 리더로서 더 인정되는 경향이 있다고는 말할 수 있다.

신화 3. 남성이 여성보다 더 효과적인 리더이다

역사적으로 조직 내 고위직(리더십 포지션)은 주로 남성들로 채워져 왔다. 따라서 리더십은 강하고, 공격적이고, 자기주장이 확실한 남성적 특성으로 묘사되어 왔다. 하지만 연구 결과에 따르면 리더십 측면에서 남성과 여성의 차이는 거의 없다. 역사적으로 조직 내 리더십 포지션의 대부분이 남성들의 전유물이었기 때문에 리더십은 과업 주도적으로 지시적이고 감성적이기보다는 냉철해야 한다는 남성적 편파가 있어 왔다. 하지만 오늘날의 조직은 점점 더 융통성, 팀워크, 신뢰, 정보 공유 등 여성적으로 여겨졌던 가치 중심으로 재편되고 있고, 지시적인 리더십이 우월하다는 남성적 선입견은 점점 사라지고 있다. 즉, 많은 조직이 점점 더 명령과 통제로 이끄는 남성적 리더보다는 정보와 권력을 공유하고 부하들을 아끼고 포용해주는 여성적 리더를 더 원한다. 가장 최근의 연구에 따르면 그 차이는 미미하지만, 둘 중에 어떤 한 성Gender이 리더십에서 경쟁우위가 있다면 그것은 바로 여성이다.

신화 4. 경영학 석사학위MBA가 효과적인 리더를 만든다

경영학 석사학위는 많은 직장인이 선망하지만, 비용이 많이 든다. 미국에서만 한 해에 약 15만 5,000명의 경영학 석사학위 수여자가 배출된다. 물론 그 비용은 만만치 않다. 미국의 최상위 대학교에서 경영학 석사학위를 취득하는 데 드는 비용은 학비와 생활비를 포함해 10만 달러가 넘는다. 또한 경영학 석사학위를 이수하는 2년 동안 15만 달러 이상의 연봉을 포기해야 한다. 이러한 사실로 볼 때, 혹자는 경영학 석사학위가 효과적인 리더를 만드는 데 도움이 된다는 상당한 증거가 있을 법하다고 믿을 것이다. 하지만 실제는 다르다. 전통적인 경영학 석사학위 프로그램은 효과적인 리더십 스킬을 배양하고 증진하는 데 거의 도움이 되지 않는다. 이러한 프로그램은 비즈니스의 여러 측면들에 대해 학습하는 데 도움이 되지만, 리더십 스킬

> 전통적인 경영학 석사학위 프로그램은 효과적인 리더십 스킬을 배양하고 증진하는 데 거의 도움이 되지 않는다.

을 학습시키지는 않는다. 물론, 많은 경영학 석사학위 프로그램들이 리더십의 중요성에 대해 거창하게 이야기하지만 실제 리더십은 일과 경험을 통해 학습되는 것이다. 그리고 이러한 점에서 현재의 경영학 석사학위 프로그램은 그러한 경험을 제공하기에 부족하다. 실제 어떤 유명 인사는 "경영학 석사학위 프로그램은 잘못된 사람(성공하는 리더가 되고 싶은 사람보다는 성공하는 비즈니스맨이 되고 싶은 사람을 선발하기 때문에)을 잘못된 방법(리더십 스킬보다는 비즈니스 스킬을 중심으로 교육하기 때문에)으로 교육시키고 있다."라고 비판한다.

신화 5. 리더십은 항상 중요하다

경영대학, 정치권, 언론 매체 등을 통해 알 수 있듯이 리더십에 대한 사람들의 관심은 상당하다. 따라서 많은 사람이 리더십이 어떤 집단이나 조직의 성공에 필수불가결한 요소라고 믿는 경향이 있다. 하지만 실상은 그

렇지 않다. 다양한 상황에서 연구된 많은 결과물에 의하면, 대부분의 경우 리더가 어떤 행동을 취하는가는 실제로 별로 중요하지 않다. 왜 그럴까? 이는 부하에 대한 리더의 영향력을 제한하고 약화시키고, 심지어 무력화하는 부하의 개인적 요소 및 직무 관련 요소, 조직 내 다양한 요소들이 있기 때문이다. 예를

> 대부분의 경우, 리더가 어떤 행동을 취하는가는 실제로 별로 중요하지 않다.

들어 부하의 업무 관련 경험, 그들이 특별히 받은 교육, 조직의 보상에 대한 무관심 등이 리더십의 효과를 대체하는 역할을 할 수 있다. 구체적으로 경험이 많거나 특별한 업무 교육을 받은 부하들은 리더의 지원이나 후원, 자신의 업무에 관한 리더의 자세한 설명을 별로 필요로 하지 않는다. 혼자서도 잘할 수 있기 때문이다. 또한 직무가 그 특성상 모호하고 반복적이거나 혹은 직무 그 자체로서 매우 즐겁고 만족스럽다면, 리더의 영향이 작을 수밖에 없다. 그리고 조직이 매우 분명하고 공식화된 목표 설정 체계를 갖고 있거나, 조직 내 분명한 업무 방식과 절차가 정립되어 있을 때, 그리고 마지막으로 부서 내 응집력이 높을 때 리더십의 역할과 효과성은 매우 제한적이다.

리더십의 핵심은
신뢰이다

누군가를 신뢰할 때, 우리는 보통 그 사람이 정직하게 행동할 것이고, 믿음이 가며 예측 가능할 것이라고 가정한다. 또한 그들이 우리의 신뢰를 악용하지 않을 것이라고 믿는다. 결국 신뢰가 리더십의 핵심인 것이다. 왜냐하면 여러분을 신뢰하지 않는 종업원을 이끄는 것은 불가능하기 때문이다.

> 여러분을 신뢰하지 않는 종업원을 이끄는 것은 불가능하다.

어떤 저자가 신뢰와 리더십의 관계를 다음과 같이 요약했다. "리더십의 한 부분은 부하들과 함께 문제를 찾고 이것을 해결하는 것이며, 앞으로도 계속 그럴 것이다. 리더가 문제를 해결하는 데 필요한 지식이나 정보의 획득 여부는 리더에 대한 부하들의 신뢰 정도에 따라 결정된다. 다시 말해, 리더가 지식과 협동을 이끌어내려면 부하들로부터 신뢰를 얻어야 한다."

종업원이 리더를 신뢰할 때, 그들은 리더의 행동에 따라 많은 영향을 받는다. 그 종업원들은 자신의 리더가 그들의 권리와 이익을 악용하지 않을 것이라고 확신하기 때문이다. 사람들은 자신을 이용하려고 하거나 정직하지 않다고 생각되는 리더를 존경하거나 추종하지 않는다. 정직함은 부하들이 존경하는 리더의 가장 중요한 특성 중 항상 상위를 점한다. 정직함은 바로 리더십의 절대적인 핵심 구성 요소인 것이다.

정직함은 부하들이 존경하는 리더의 가장 중요한 특성 중 항상 상위를 점한다.

과거 그 어느 때보다 관리자와 리더십의 효과성이 부하로부터 신뢰를 얻는 능력에 의해 좌우되는 시대이다. 오늘날 대부분의 직장에서 진행되는 변화와 불안정 속에서 사람들은 자신을 안내해줄 관계를 원하며, 이러한 관계의 질은 신뢰의 수준에 따라 결정되기 때문이다. 게다가 최근의 팀 제도와 같은 관행은 신뢰 없이는 절대로 효과를 발휘할 수 없는 것들이다.

그렇다면 종업원으로부터 신뢰를 받는 관리자가 되려면 어떻게 해야 할까? 많은 연구 결과에 따르면, 다음과 같은 행동이 신뢰 관계를 형성하는 데 도움이 된다고 한다.

공개하라 - 불신은 아는 것만큼이나 모르는 데서도 연유한다. 사람들과 정보를 지속적으로 공유하고, 의사결정을 어떻게 내려야 하는지에 대한 준거를 정하고, 여러분이 내린 결정의 이유를 설명하고, 문제에 대해 솔직히 이야기하고, 관련된 정보를 완전히 노출시켜야 한다.

공정하라 - 의사결정을 내리거나 조치를 취하기 전에 다른 사람들이 공정성과 객관성에 입각해 어떻게 지각할지를 고려하라. 합당한 곳에 높은 점수를 주고, 성과 평가 시 객관적이고 공평하라. 그리고 보상을 분배할 때 형평성에 주의를 기울여라.

감정을 표현하라 - 오로지 딱딱한 사실만을 전달하는 관리자는 차갑고 냉담하게 느껴진다. 만약 여러분의 감정을 부하들에게 솔직히 털어 놓으면, 그들은 여러분을 진실하고 인간적이라고 생각할 것이다.

진실을 이야기하라 - 진실은 서로 신뢰 관계를 형성하는 데 핵심적인 부분이다. 만약 여러분이 거짓말을 하고 발각되었다면, 결코 신뢰를 확보하거나 유지할 수 없을 것이다. 사람들은 자신의 상사가 그들에게 거짓말하는 것보다 그들이 '듣고 싶지 않은 것'을 듣는 것에 더 포용적이다.

일관성을 보여라 - 사람들은 예측 가능성을 원한다. 불신은 무엇을 기대해야 하는지 모르는 데서 연유한다. 여러분이 가진 핵심 가치와 신념에 따라 행동하라. 이렇게 하면 일관성은 향상되고, 신뢰가 구축될 것이다.

약속을 준수하라 - 사람들은 여러분이 믿을 만하다고 생각할 때 신뢰하게 될 것이다. 따라서 약속과 원칙을 준수해야 한다.

비밀을 지켜라 - 사람들은 사리 분별이 명확하고 그들이 의존할 수 있는 이를 신뢰한다. 또한 여러분이 타인에게 자신의 비밀을 발설하지 않기를 바란다. 만약 여러분이 타인의 비밀을 누설하는 사람이라고 간주되면, 절대로 그들의 신뢰를 받을 수 없다.

역자 주: 어떤 연구자들은 신뢰와 불신을 동일한 개념의 양극으로 보지 않고, 독립적으로 본다. 즉 불신이 해소되었다고 해서, 신뢰가 증진되는 것이 아니다. 또한 신뢰가 증진되었다고 해서, 불신이 해소되는 것도 아니다. 신뢰는 신뢰를 증진시키는 요인들이 충족되어야 증진되고, 불신은 불신을 해소시키는 요인들이 충족되어야 해소된다. 이는 직무만족(동기 요인)과 직무불만족(위생 요인)이 독립적이라는 허츠버그의 연구와도 맥을 같이 한다. 최근에는 공정성과 불공정성도 독립적이라는 연구가 나오고 있다. 즉, 공정성이 낮게 지각된다고 높은 불공정성을 지각하는 것은 아닐 수 있다는 것이다. 반대로 불공정성이 낮게 지각된다고 높은 공정성을 지각하는 것도 아닐 수 있다.

경험이 많은
리더가
항상 좋은
리더는 아니다

大부분 우리는 경험이 귀중하며, 심지어 경험이 효과적인 리더십의 필수 요소인 양 생각한다. 예를 들어, 미국의 유권자들은 상원의원이나 주지사의 업무 경험이 대통령이 되는 데 효과적인 준비가 될 것이라고 생각한다. 이와 비슷하게 조직에서도 경험에 근거하여 중요 임원을 조심스럽게 선별한다. 이러한 문제와 관련하여 근무 이력이나 이전 경험을 묻지 않는 채용 원서를 기입해본 적이 있는

> 근무 이력이나 이전 경험을 묻지 않는 채용 원서를 기입해본 적이 있는가?

가? 많은 경우, 경험은 채용과 승진을 결정할 때 고려하는 가장 중요한 요소가 된다. 그런데 여기 놀라운 뉴스가 있다. 많은 연구 결과에 의하면, 경험 그 자체가 리더십의 효과성에 기여한다는 사실은 지지받지 못한다는 것이다.

"몇몇 경험이 미천한 리더들이 두각을 나타내며 성공하는가 하면, 경험이 풍부한 리더들이 완전히 실패하기도 한다. 높이 추앙받는 전 대통령 중에 에이브러햄 링컨Abraham Lincoln이나 해리 트루먼Harry Truman은 사전에 리더십 경험이 전혀 없었다. 하지만 대통령이 되기 이전에 리더십 경험이 풍

부했던 허버트 후버Herbert Hoover와 프랭클린 피어스Franklin Pierce는 가장 성공하지 못한 대통령 가운데 포함된다."

군 장교, 연구개발팀, 매장 관리자, 우체국 직원 및 학교 교장에 대한 연구는 리더십 경험이 많은 관리자가 경험이 거의 없는 관리자들보다 별로 효과적이 아니라고 제안한다.

이전의 성공적인 리더십 경험이 미래의 성과를 예측하지 못한 예는 수없이 많다. 예를 들어, 잔 스컬리John Scully는 펩시PepsiCo에서는 성공적인 최고경영자였지만, 애플Apple로 옮긴 후에는 매우 실망스러운 성과를 거두었다. 그리고 론 잔슨Ron Johnson은 애플의 소매 영업을 담당할 때는 매우 훌륭한 스타였지만, 제이씨페니JCPenny에서는 매우 실망스러운 최고경영자였다. 마지막으로 칼리 피오리나Carly Fiorina는 루슨트Lucent에서는 매우 성공적이었지만, 휴렛 패커드HP의 최고경영자가 되었을 때는 전혀 성공적이지 않았다.

경험의 축적이 리더십 효과성에 별 영향을 미치지 못하는 이유는 무엇일까? 직관적으로 경험은 현장에서 리더십 스킬을 향상시킬 수 있는 학습의 기회를 제공하는 것 같다. 하지만 여기에 2가지 문제점이 있다. 첫째, 경험의 질과 해당 직무에서 보낸 시간이 항상 비례하지는 않는다. 둘째, 경험의 전이 가능성은 상황에 따라 변동이 매우 심하다.

첫 번째 문제점을 구체적으로 살펴보면, '경험이 중요하다'는 논리가 가진 결점은 어떤 직무에서 보낸 시간이 실제적인 경험에 대한 적절한 측정치가 되지 못한다는 것이다. 이는 경험의 질적인 면에 대한 정보를 별로 주지 못하기 때문이다. 어떤 사람은 20년의 경험이 있고, 또 어떤 사람은 2년의 경험이 있다는 사실이 전자가 후자보다 의미 있는 경험을 10배나 많이 가지고 있다는 것을 의미하지는 않는다. 20년의 경험이란 흔히 1년간의 경험이 20번 되풀이되는 경우가 일반적이다.

20년의 경험이란 흔히 1년간의 경험이 20번 되풀이되는 경우가 일반적이다.

가장 복잡한 직무라고 해도 2년 정도가 지나면 진정한 학습은 끝난다. 2년 즈음 되면 새롭고 독특한 상황을 거의 다 경험하게 되기 때문이다. 이렇듯, 경험과 리더십 효과성을 연결 짓는 데 있어 우리가 지적하고 싶은 사실은 이러한 접근 방법이 경험의 질과 다양성에는 별로 주의를 기울이지 않는다는 점이다.

두 번째 문제점을 살펴보면, 이미 우리가 경험한 상황이 어떤 새로운 상황과 항상 호환될 수 있는 것은 아니다. 따라서 과거의 경험이 새로운 상황에 관련되는지를 고려하는 것은 매우 중요하다. 상황에 따라서 직무가 다르고, 지원 자원이 다르고, 조직 문화가 다르고, 부하의 특성 등이 다르다. 리더십 경험이 리더십 성과(효과성)와 강하게 관련되지 못하는 가장 중요한 이유는 당연히 매 상황이 다르다는 '상황의 변산성'이다.

그래서 우리는 어떤 결론을 내릴 수 있는가? 리더의 자리에 어떤 사람을 선발할 때, 지원자들의 경험의 양적인 측면에 너무 큰 가중치를 두어서는 안 된다. 경험의 양 그 자체는 효과적인 리더십의 예측 변수가 못 된다. 어떤 지원자가 10년간의 리더십 경험이 있다는 사실이 새로운 조직이나 상황에 이러한 경험이 전이될 수 있다는 점을 보장하지는 않는다. 이전 경험의 질과 이러한 경험이 앞으로 일하게 될 새로운 상황과 어떤 관련성이 있는가를 면밀히 검토하는 것은 경험의 기간을 단순히 고려하는 것보다 더 의미 있고 중요하다.

역자 주: 이 점은 채용 시에도 매우 중요한 시사점을 준다. 직무 경력을 산정할 때, 단순히 연수만을 고려해서는 안 된다. 그러한 경험을 통해 어떠한 스킬, 지식, 능력을 배양했는지를 고려해야 한다. 즉 경험의 폭과 깊이도 고려해야 하고, 그러한 경험을 어떤 역할(전략/기획가, 관리자, 실행자)로 경험했는지도 따져야 한다. 예를 들어, 어떤 인사 업무를 단지 전략/기획가로만 경험한 사람은 나중에 제대로 된 인사 업무를 하기 힘들다. 이는 인사 업무의 바탕이 되는 실행자로서의 경험이 전무하기 때문이다. 이 경우 종업원들의 피부에 와 닿지 않는 탁상공론적 인사 전략만 양산할 수 있다. 최근의 연구에 따르면, 해외 경험의 경우도 얼마나 많은 국가를 경험했는지도 중요하지만, 얼마나 다른 문화를 경험했는지가 더욱 중요할 수 있다. 예를 들어, 미국인이 캐나다와 유럽 국가들을 경험할 때보다 한국, 중국, 일본 등 아시아 국가들을 경험할 때 더 많은(새로운) 것을 학습할 수 있고, 그 해외 경험의 개발적 가치도 증대된다. 또한 몇몇 아주 최근의 연구에 따르면, 특정 회사와 특정 직무에 한정된 경험이 오히려 독이 되기도 한다. 일반적인 경험은 여러 환경에서 유연하게 적용되는 반면에, 특정 회사와 직무에 한정된 경험은 급변하는 환경에서는 오히려 창의적 혹은 혁신적 사고를 방해하는 장애물이 되기도 한다.

| 진실 27 |

효과적인 리더는
어떻게 **이슈**를
프레임하는지 안다

마틴 루터 킹Martin Luther King의 '나는 꿈이 있습니다' 연설은 시민권 운동을 촉발시키는 계기가 되었다. 그가 사용한 단어는 당시 사람들에게 인종 편견이 없는 한 나라의 모습이 어떠해야 하는지에 대해 영감을 불어넣었다. 마틴 루터 킹은 시민권 운동에 대한 자신의 비전을 다른 사람들도 알 수 있도록 프레임Frame 했다.

프레임은 의미가 충분히 전달되도록 언어를 사용하는 방법이다. 이것은 부하가 어떤 사건을 어떻게 바라보고 이해해야 하는지에 대해 리더가 영향을 미치는 한 방편이다. 이러한 프레임은 어떤 주제의 하나 혹은 몇 가지 측면을 선별해서 -다른 측면은 배제하고- 이를 부각시키는 방략이다.

> 프레임은 의미가 충분히 전달되도록 언어를 사용하는 방법이다.

프레임은 사진사가 사진을 찍는 것에 비유할 수 있다. 존재하는 시각적 세계는 본질적으로 애매모호하다. 사진사가 그의 카메라를 특정 목표에 맞추고 그 화면을 포착할 때, 사진사는 그의 사진을 프레임하는 것이다. 사람들은 사진의 초점을 보게 된다. 리더가 어떤 이슈를 프레임하는 것도 이와 같다. 리더는 다른 사람들이 초점을 맞추기 원하는 어떤 주제의 일부 측면만을 부분적으로 선택하는 것이다.

정치적 리더는 어떤 이슈나 정적政敵의 이미지를 어떻게 프레임하느냐에 따라 뜰 수도 있고 죽을 수도 있다. 언어

> 정치적 리더는 어떤 이슈나 정적의 이미지를 어떻게 프레임하느냐에 따라 뜰 수도 있고 죽을 수도 있다.

전쟁의 시대에 정치적 성공은 보통 언어를 적절히 선택해서 더 잘 구사하는 사람에게 돌아간다. 예를 들어, 조지 부시George W. Bush는 '학비 납입 영수증'이라는 별로 인기 없는 개념 대신에 '기회 장학금'이라고 이야기하고, '재산세' 대신에 '사망세'의 폐지를 주장하기도 했다. 그리고 1조 6,000억 달러의 세금 인하를 제안했을 때는 세금을 많이 낸 미국인에게 이를 '환불'해주는 것이라고 이야기했다. 이러한 그의 말은 '부자들에게 큰 이익을 주는 세금 인하'라는 직설적 표현보다 훨씬 공정하게 들린다(결국 이러한 그의 언어적 프레임이 반감을 사기도 했지만 대다수 국민의 호응을 얻었다).

리더가 일하는 복잡하고 혼란스러운 환경에서는 '사실'에 대한 상당한 조정이 있을 수 있다. 대부분의 경우 리더가 사실이라고 말한 것이 진정한 사실이 되며, 중요하다고 말한 것이 결국 중요한 것이 된다.

리더들은 부하들의 시각, 어떤 사건의 의미, 신념, 그리고 미래에 대한 비전에 영향을 미치기 위해 언어를 사용한다. 그래서 리더의 효과성은 그가 어떤 이슈를 어떻게 언어적으로 프레임하느냐에 강하게 영향을 받는다. 언어적 프레임은 많은 경로를 통해 리더십 효과성에 영향을 미친다. 우리는 언어적 프레임을 통해서 주의를 기울여야 하는 문제, 문제의 발생 원인, 문제 해결을 위한 최종안 등을 결정할 수 있다. 올바른 언어적 프레

임이 있으면 당연히 올바른 행동이 따라오기 때문에, 언어적 프레임은 목표를 실행하고 사람들 간의 합의를 이끌어내는 데 있어 리더의 성공률을 극대화한다. 게다가 언어적 프레임은 글로벌 사업을 하는 조직에서 더욱 핵심적인 요소다. 왜냐하면 이러한 조직의 리더들은 문화적 오해가 없도록 단순하고 평범한 방법으로 이야기해야 하기 때문이다. 마지막으로, 언어적 프레임은 비전 리더십의 필수불가결한 요소이다. 비전의 공유는 이러한 언어적 프레임을 통해서 가능하다.

이슈를 프레임하는 데 도움을 주는 5가지 방법이 있다. 바로 비유Metaphors, 특수용어Jargon, 대조Contrast, 스핀Spin, 스토리Stories이다.

비유는 표현하고자 하는 대상(원관념)을 다른 대상(보조관념)에 빗대어 표현하는 방법이다. 이러한 비유는 비교의 대상이 잘 이해되고 그 관계가 논리적일 때 효과적으로 작동한다. 어떤 생산 담당 임원이 자신의 목표를 '스위스 시계처럼 생산 프로세스가 돌아가는 것'이라고 묘사하면, 부하들은 그가 의미하는 목표를 훨씬 더 쉽게 그릴 수 있을 것이다.

조직의 리더들은 특수용어를 사용하기 좋아한다. 특수용어는 특정 직업이나 조직 혹은 특정 프로그램과 관련이 있기 때문에, 외부 사람들은 그 용어의 정확한 의미를 알기 힘들다. 마이크로소프트Microsoft에서 파란색 사원카드는 정규직을 의미하고, 주황색 사원카드는 임시직이나 계약직을 의미한다.

리더들은 정반대의 대상을 통해 어떤 대상을 조명하는 대조의 기법을 사용하기도 한다. 왜냐하면 때때로 어떤 대상이 어떠하다고 말하는 것보다 어떤 대상이 어떠하지 않다고 말하는 것이 이해하기 더 쉽기 때문이다. 한 제약 회사의 임원이 회사의 비용 긴축에 구성원들이 관심이 없는 것에 다소 좌절했었다. 그래서 그는 '우리는 화이자Pfizer가 아니다'라는 구호를 지속적으로 사용해 구성원들을 훈계했다. 이러한 대조적 표현을 통해 그가 전달하고자 한 메시지는 당사가 거대 제약 기업인 화이자처럼 재무적 자원이 충분하지 않다는 점과 따라서 비용을 긴축해야 한다는 점이었다.

대통령 자문 정치인들이 신조어를 만들었는데, 바로 스핀이다. 긍정적 및 부정적 견지에서 어떤 대상을 부각시키기 위해 스핀을 사용한다. 스핀에 능통한 리더들은 자신의 이해관계는 긍정적으로 전달하고, 경쟁자의 이해관계는 부정적으로 전달한다. 예를 들어, 2012년 대통령 선거에서 민주당의 리더들은 공화당 대선 후보였던 미트 롬니Mitt Romney를 대중의 정서를 제대로 파악하지 못하는 사려 깊지 못한 백만장자로 묘사하고 있다.

마지막으로, 리더들은 비유나 특수용어보다 더 큰 영향을 미치는 스토리(이야기)를 이용해 이슈를 프레임한다. 3M의 리더들은 포스트잇이 어떻게 개발되었는지 이야기를 할 때, 회사가 혁신 과정에 있어서 창의성과 우연에 의한 개발에 얼마나 중요성을 부여하고 있는지를 직원들에게 상기시킨다.

역자 주: 영민한 정치인들은 공약을 내세울 때 구체적인 숫자를 제시하기보다 '현재보다 훨씬 더 나은', '최고의', '이전과는 비교도 안 되는', '획기적인' 등의 단어를 쓴다. 이는 구체적인 숫자를 제시하고 이를 지키지 않았을 때 공약을 어겼다는 비난이 거세지기 때문이다. 또한 청중들은 구체적인 숫자보다 오히려 이상과 같은 수식에 더욱 현혹되기도 한다. 우리가 생각하는 것보다 인간은 덜 이성적이며, 더 감정적인 경우가 많다.

| 진실 28 |

기대한 대로
얻는다

군사훈련

군사훈련에 참가한 105명의 이스라엘 군인에 대한 이야기를 하고자 한다. 이 훈련에는 4명의 교관이 참가했는데, 그들은 모두 자신이 맡은 훈련병의 3분의 1은 높은 잠재력이 있고, 다른 3분의 1은 평균적 잠재력이 있으며, 나머지 3분의 1은 그 잠재력이 아직 검증되지 않은 상태라는 말을 듣게 된다. 하지만 사실 이러한 집단의 구분은 이 연구를 진행하는 연구자에 의해 임의로 이루어진 것이었다. 따라서 세 집단이 거의 동일한 성과를 보여야 했다. 하지만 훈련이 진행되자, 높은 잠재력을 가졌다고 보고된 훈련병들이 다른 훈련병들에 비해 각종 시험에서 더 높은 점수를 받았고, 보다 긍정적인 태도를 보였으며, 리더인 교관에 대해서도 더 높은 존경심을 보였다.

이러한 결과는 기대의 힘이 작용했기 때문이라고 볼 수 있다. 높은 잠재력을 가졌다고 위장된 훈련병들에 대해서 교관들이 더 높은 기대를 가졌기 때문에 그들이 더 높은 성과를 낸 것이었다. 이러한 효과는 교실에서도 자주 발생한다. 교사가 특정 학생에게 높은 기대를 가질 때, 그 학생의 학업 성적과 학교에 대한 만족도는 증가한다.

기대는 일종의 자성예언과 같은 효과를 발휘한다. 우리가 어떤 사람이 어떻게 행동할 것이라고 기대하게 되면, 우리는 그 기대를 충족시키는 방향으로 그 사람을 대우하게 되고, 결국

어떤 사람을 패배자로 취급하면, 그 사람은 여러분의 부정적 기대를 절대 배반하지 않을 것이다.

그 사람은 우리의 기대를 충족시킨다. 이를 활용하면, 많은 사업 분야에서 리더들이 자신이 기대하는 소기의 성과를 얻을 수 있게 된다. 어떤 사람을 패배자로 취급하면, 그 사람은 여러분의 부정적 기대를 절대 배반하지 않을 것이다. 반대로 어떤 사람을 높은 성과를 낼 수 있는 능력 있는 사람으로 대우하면, 그 사람은 최선을 다해 여러분이 옳다는 것을 보여주려고 할 것이다. 더 많은 것을 기대하는 리더가 더 많은 것을 얻게 된다.

　구성원들에 대한 리더의 기대가 높으면 그들의 성과 또한 높아지는 것은 왜 그럴까?

부하에게 많은 것을 기대하는 리더가 그만큼 더 많이 얻는다.

바로 리더의 기대가 부하에 대한 자신의 행동에 영향을 주기 때문이다. 리더들은 자신의 기대에 비례해 부하들에게 자원을 배분한다. 그들은 가장 좋은 성과를 낼 것이라고 기대하는 부하에게 최고의 리더십 행동을 보인다. 리더가 잘할 것이라고 기대하는 부하는 웃음이나 눈 맞춤과 같은 비언어적 단서를 통해 보다 높은 정서적 지원을 받고, 더 빈번하고 가치 있는 피드백을 받으며, 보다 도전적인 목표를 부여받고, 보다 많은 훈련과 보다 적절한 과제를 부여받는다. 그리고 리더는 이러한 부하들에게 더 높은 신뢰를 보인다. 이러한 행동은 결국 향상된 스킬과 직무 지식을 가진 부하를 만든다. 게다가 리더의 이러한 지원적 행동은 부하들에게 자신감을 심어주며, 이는 결국 부하들 스스

로 어떤 직무든 성공적인 성과를 올릴 수 있다는 신념(자기효능감)을 확고히 갖게 해준다.

여기서 리더들에게 전달하고자 하는 메시지는 구성원들로부터 높은 성과를 얻을 수 있다고 기대하라는 것이다. 여러분은 부하들에게 이러한 기대를 언어로 전달해야 하고, 그들을 믿는다는 것을 행동으로 보여주어야 한다. 부하들에게 여러분이 그들의 잠재력을 믿고 있으며, 그들의 잠재력보다 더 높은 성과를 얻을 수 있으리라 생각하고 있다는 것을 알게 하라.

하지만 너무 무리한 기대를 해서는 안 된다. 너무 높은 수준의 기대는 위협적인 동시에 동기를 저하시키며, 결국 좌절과 실패, 미래에 대한 낮은 기대로 이어진다. 만약 여러분이 리더로서 부하들에게 도움을 주고 작은 성공을 계속적으로 경험하게 하면, 그 부하들은 자신감을 얻게 되고 점차적으로 자신에 대한 기대를 높여 훌륭한 성과를 창출할 것이다.

역자 주: 교육학에서는 이와 비슷한 현상을 피그말리온 효과Pygmalion Effect라고 명명한다. 이를 발견한 하버드대학 로버트 로젠탈Robert Rosenthal 교수는 학기 시작 전에 학생들을 대상으로 지능 검사를 실시하고, 학기 시작 직후 교사들에게 절반의 학생들은 IQ가 높아서 학업 성적이 향상되겠지만 나머지 절반은 IQ가 낮아서 학업 성적이 오르기 힘들 거라고 이야기했다. 하지만 이 집단 구분은 실제 지능 검사 점수에 기반한 것이라 아니라 임의로 이루어진 것이었다.

진실 29

카리스마는
학습 가능하다

리더십

에 있어 카리스마의 가치를 지지하는 많은 연구 결과가 있다. 과거부터 현재에 이르기까지 우리가 아는 많은 훌륭한 리더들이 카리스마적 특징을 보여 왔다. 예를 들어, 존 F. 케네디John F. Kennedy, 마하트마 간디Mahatma Gandhi, 마틴 루터 킹, 스티브 잡스, 메리 케이 애시Mary Kay Ash, 테드 터너Ted Turner, 리처드 브랜슨, 마거릿 대처Margaret Thatcher와 빌 클린턴Bill Clinton 등이 카리스마를 가진 리더로 분류된다.

카리스마 리더들의 특성은 무엇이 있을까? 그들에게는 자신감, 현 상태보다 나은 미

> 우리가 아는 많은 훌륭한 리더들은 카리스마를 가지고 있다.

래를 제시하는 강한 비전, 비전을 명확하게 전달하는 능력, 비전을 달성할 수 있다는 강한 확신, 변화를 기꺼이 실행하고자 하는 태도 등 공통적인 특징이 나타났다.

과거에 우리는 카리스마 리더가 선천적으로 타고난다고 생각했다. 하지만 최근의 연구 결과에 의하면, 사람들은 적절한 교육으로 카리스마 행동을 습득할 수 있고, 이를 통해 카리스마 리더라고 명명된 사람들이 누렸던 혜택을 향유할 수 있다. 다음 3가지는 여러분이 학습할 수 있는 카리스마

행동들이다.

첫째, 강력하고 자신감 있고 역동적인 모습을 보여라. 흡입력 있고 매력적인 목소리 톤을 사용하라. 자신감을 전달하라.

사람들은 적절한 교육으로 카리스마 행동을 습득할 수 있고, 이를 통해 카리스마 리더라고 명명된 사람들이 누렸던 혜택을 향유할 수 있다.

사람들과 대면해서 말하고, 그들의 눈을 똑바로 쳐다보며 자신감 있는 몸동작을 취하라. 분명하게 말하고 더듬지 마라. 특히 '어'와 '여러분도 알다시피'와 같은 의미 없는 문구를 사용해서 말을 시작하지 마라.

둘째, 높은 목표를 명확히 전달하라. 미래에 대한 비전을 제시하고, 이를 달성하기 위한 혁신적인 방법을 구체화하며, 그 비전을 다른 사람에게 전파하라. 비전을 달성하기 위한 방법은 혁신적이되 관련 맥락과 통합되어야 한다. 그리고 성공은 비전만 가지고 있다고 해서 이루어지는 것이 아니다. 다른 사람이 함께 그 비전을 공유하고 매진할 때 성공이 이루어진다는 것을 명심하라.

셋째, 높은 성과를 기대하고 이러한 기대를 달성할 수 있도록 타인에게 자신감을 심어주어라. 개인이나 집단에 대한 야심적인 목표를 이야기하고, 이러한 목표를 성취할 수 있다는 자신감을 고취시키며, 이에 대한 여러분의 강한 확신을 보여주어라.

어떤 사람이건 간에 다음의 3단계 프로세스를 밟으면 카리스마를 가질 수 있다. 첫째, 항상 낙관적인 견해를 유지하고 구성원의 열정을 이끌어내기 위해 먼저 열정을 보이며 말만 아니라 온몸으로 의사소통하라. 둘째, 유대관계를 통해 다른 사람에게 영감을 주어서 여러분을 따르게 하라. 셋째, 정서적인 부분을 잘 활용해 구성원이 그들의 잠재력을 최대한 발휘하게 해주어라.

이러한 3단계 프로세스는 대학생들에게 카리스마적인 역할을 하도록 각본을 짠 한 연구자의 실험으로 효과가 증명되었다. 이 실험에서 대학생들은 중요하고 도전적인 목표를 명료하게 말하고, 높은 성과를 기대하며, 부하들이 이러한 기대에 부응할 수 있는 능력이 충분히 있다고 믿는 확신을 보여주고, 부하들의 여러 가지 요구에 대해 감정이입하도록 교육받았다. 그들은 강력하고, 자신감 있고, 역동적인 모습을 보이도록 교육받았으며, 매력적이고 호소력 있는 목소리 톤을 구사하도록 연습했다. 또한 이 대학생들은 카리스마의 에너지를 더욱 확보하기 위해 카리스마적인 비언어적 특징을 발산하도록 훈련받았다. 다시 말해, 책상에 앉을 때도 책상 끝에 걸터앉거나 들여 앉는 것을 번갈아 하고, 부하를 향해서 몸을 기울이며, 그들의 눈을 똑바로 응시하고, 영감 어린 표정을 짓는 것을 배웠다. 이 실험의 연구자는 대부분의 대학생들이 이상과 같은 교육을 통해 카리스마를 표출하는 방법을 배울 수 있었다고 했다. 또한 이렇게 교육받은 리더의 부하들이 더 높은 수준의 과업 성과와 과제 적응을 보였으며, 심지어 리더와 집단에 대해서도 더 잘 적응하는 결과를 보였다고 밝혔다.

이 실험이 시사하는 바는 몇몇 극소수의 타고난 사람들은 직관적으로 카리스마를 행사하지만, 평범한 여러분도 적절한 교육을 받으면 카리스마적인 행동을 보일 수 있다는 사실이다. 그리고 이러한 교육이 성공적인 만큼 타인들이 여러분을 카리스마 리더로 여길 것이다.

카리스마가
항상 좋은 것은
아니다

언론

매체들은 카리스마 있는 리더들을 칭송하지만, 리더에게 카리스마가 항상 필요하다거나 항상 좋은 것만은 아니다.

만약 여러분이 카리스마에 부정적인 측면이 있다는 사실에 의구심이 든다면, 다음 3명의 카리스마 리더들을 상기할 필요가 있다. 아돌프 히틀러Adolph Hitler, 찰스 맨슨Charles Manson, 그리고 오사마 빈 라덴Osama bin Laden이다. 이외에도 잘 알려져 있지는 않지만 '야비함의 여왕'으로 불리는 레오나 햄슬리Leona Helmsley, 켄 레이Ken Lay, 지금은 망해서 사라진 엔론Enron의 제프 스킬링Jeff Skilling, 타이코Tyco의 전 회장인 (지금은 뉴욕 감옥에서 8년에서 25년형을 살고 있는) 데니스 코즐로우스키Dennis Kozlowski 또한 카리스마 리더들이었다.

연구에 의하면, 카리스마 리더십이 종업원으로 하여금 고성과를 발휘하게 하는 데 항상 필요한 것은 아니다. 물론 카리스마 리더십이 중요한 상황도 있다. 카리스마는 부하의 직무가 이상적인 요소를 가지고 있거나(즉 리더가 그 직무를 더 가치 있고 의미 있게 느끼게 해줄 때), 혹은 직무나 조직 상황이 높은 스트레스와 불확실성을 내포하고 있을 때 더 중요해진다. 이는 정치권, 종교권, 전쟁 중 또는 비즈니스의 초기 단계나 사태가 위중한 상황일 때, 카리스마 리더가 왜 출현하는지를 설명해준다. 1930년대, 프랭클린 루즈벨트Franklin D. Roosevelt 대통령은 대공황으로부터 미국을 탈출시킬 위대한 비전을 제시했다. 그리고 1997년 애플이 사업 방향 부재로 위태로울 때 이사회의 설득으로 회사로 다시 돌아온 스티브 잡스는 회사가 다시 초기의 혁신적 마인드로 돌아가도록 직원들에게 영감을 불어넣었다.

이상적 동기부여의 필요성과 환경적 불확실성 말고도 카리스마의 효과를 제약하는 또 하나의 상황적 요소가 있는데, 다름 아닌 리더의 조직 내 위치(직위)이다. 바로 이전 장(진실 29)에서 설명했듯이 카리스마의 핵심은 비전 창출이다. 하지만 비전은 전체 조직에 적용되는 것으로 최고경영자에 의해 창출되어야 한다. 따라서 카리스마가 일선 관리자들보다 조직 내 최고경영자의 성공과 실패를 설명하는 데 더욱 강력하다.

그리고 카리스마에는 어두운 측면이 있다. 특히 자신에 대한 자신감이 과도한 카리스마 리더들은 그들이 속한 조직의 이익을 최대화하는 방향으로 행동하지 않는 경우가 자주 있다. 그들 중 상당수가 자신의 권력을 사용하여 자신이 속한 조직의 이미지를 자신의 이미지로 재창출한다. 그리고 개인적 이익과 조직의 이익을 혼동하기 시작한다. 최악의 경우에는 조직의 이익과 목표보다 자신의 이익과 목표를 우선시하게 된다. 또한 자신에 대한 비평을 듣기 싫어서 주변을 예스맨들로 채우고 자신을 칭송하는 부하들에게 더 많은 보상을 해준다. 심지어 자신이 실수할 때조차 부하들이 어떠한 질문이나 도전도 할 수 없도록 폐쇄적 조직 풍토를 만들어 간다.

카리스마의 어두운 측면을 요약하자면, 리더들이 개인적 목표를 위해 권력을 사용하고, 개인적 비전을 조직에 심고, 비평적 혹은 반대적 의견을

카리스마에는 어두운 측면이 있다.

148

죽이고, 자신의 판단이 다른 사람들보다 우월하다고 생각하고, 심지어 다른 사람들의 필요에 대해 둔감해지는 것이다. 이러한 리더들은 자기중심적이며 자기애적이 되고, 심지어 타인을 이용하고, 종종 다른 사람에 대해 무자비해진다. 자신을 리더로 만들어준 자신감, 추진력, 의사소통 능력 등의 매력들이 결국은 자기 이익 극대화에 사로잡힌 자기애로 변하게 한다.

우수한 회사에서 위대한 회사로 변혁될 수 있었던 29개의 회사들 −지난 15년간 이 회사들의 주가 이득은 다른 회사들의 주가 이득의 최소 3배를 넘는다− 을 대상으로 한 연구에 따르면, 이러한 회사들에는 자기애적인 카리스마 리더가 없었다. 이러한 회사의 리더들은 굉장히 야심적이고 추진력이 강했지만, 그 야심이 자신보다는 회사를 향해 있었다. 그리고 그들은 매우 탁월한 성과를 냈지만, 난리법석을 떨지 않았다. 자신의 실수와 저조한 성과에 대해서 책임을 졌고, 성공했을 때도 이를 타인의 공으로 돌렸다. 그들은 자신의 자기애적인 자아를 자기 이득이 아닌 조직을 위해 사용했다. 이러한 연구는 효과적인 리더가 되기 위해 반드시 카리스마 리더가 될 필요는 없다는 것을 보여준다. 특히 그들의 카리스마가 거대한 자아와 얽혀 있다면 더욱더 그렇다.

> 효과적인 리더가 되기 위해 반드시 카리스마 리더가 될 필요는 없다.

역자 주: 이상의 사실이 리더가 자신감이 넘치기보다는 겸손하기만 해야 한다는 것을 의미하지는 않는다. 리더는 자신감도 넘쳐야 하고, 겸손하기도 해야 한다. 즉, 자신감 있는 겸손 혹은 겸손한 자신감이 성공하는 리더의 특성으로 더욱 중요해 보인다.

다른 사람이
의존하게 만들라

효과적인 리더는 타인이 자신을 의존하게 만들어 권력(힘)을 구축한다. 힘은 리더가 다른 사람이나 집단의 행동에 영향을 주어 이러한 영향이 없었더라면 하지 않았을 행동을 하게 만드는 능력이다.

다른 사람이 여러분에게 의존하게 만들려면 어떻게 해야 할까? 이것을 가능하게 해주는 2가지 종류의 힘이 있다. 하나는 조직에서 여러분에게 부여한 직위이고, 다른 하나는 여러분이 가진 개인적 자질이다.

공식적인 조직에서 관리상의 직위는 권위를 부여하고, 이러한 권위를 통해 다른 사람에게 명령을 내릴 수 있으며, 다른 사람을 명령에 복종시킬 수 있다. 게다가 관리상의 직위는 보상의 배분과 처벌의 실행권도 포함한다. 관리자는 바람직한 방향으로 업무를 부여하고, 중요한 프로젝트에 사람들을 임명하고, 호의적인 성과 평가를 줄 수 있고, 성과가 좋은 부하에 대해 임금 인상을 건의할 수 있다. 반대로 그들은 별로 바람직하지 않은 방향으로 근무조를 편성할 수 있고, 지겹고 가치 없는 프로젝트에 사람을 임명할 수 있고, 좋지 못한 평가를 줄 수 있고, 한직으로 발령하거나 심지어 강등을 건의할 수 있고, 또한 성과급 인상을 제한할 수도 있다.

그런데 힘을 행사하기 위해 여러분이 반드시 관리자이거나 혹은 공식적인 권위를 가지고 있을 필요는 없다. 여러분의 전문성이나 카리스마와 같은 개인적 자질을 통해 타인에게 영향력을 행사할 수 있다. 오늘날과 같은 최첨단 기술 시대에는 전문성이 점점 더 영향력의 중요한 원천으로 여겨진다. 직무가 이전보다 전문화되고 복잡해짐에 따라 개인과 조직이 모두 목표 달성을 위해 독특한 스킬과 지식을 갖춘 전문가에게 더욱 의존하게 되었다. 전문성을 통해 조직 내에서 힘을 행사하는 대표적인 예로 소프트웨어분석가, 세무회계사, 환경공학자, 산업심리학자 등을 들 수 있다.

만약 여러분이 회사의 인사 담당 임원이고 잠재력이 높은 지원자를 선발하기 위해 타당한 검사가 필요하다면, 직원들로 하여금 이 분야의 전문성을 가진 산업심리학자에게 자문을 구하도록 할 것이다. 물론 카리스마도 영향력의 강력한 원천이다. 만약 여러분이 카리스마적 특성을 갖고 있다면, 여러분은 이러한 힘으로 원하는 바를 다른 사람을 통해 이룰 수 있을 것이다.

결국 힘을 획득하기 위한 핵심 열쇠는 타인이 여러분에게 의존하도록 만드는 것이다. 그리고 이렇게 만들려면 중요하면서도 희귀한 자원에 대한 통제를 획득하면 된다.

여러분이 보유한 것을 아무도 원하지 않는다면, 의존성을 만들 수 없다. 따라서 다른 사람들이 중요하게 생각하지만 갖지 못한 것을 보유하게 될 때, 여러분은 그들에게 행사할 수 있는 힘을 갖게 되며 그들은 여러분에게 의존하게 된다. 예를 들어, 여러분이 회사가 직면한 조직 내외의 불확실성을 감소시킬 수 있는 정보나 자원을 갖고 있거나 이에 접근할 수 있다면 회사에서 힘을 갖게 된다. 노사 분규 중에는 해당 조직의 노사 협상 담당자가 이전보다 증대된 힘을 갖게 된다. 또한 공학자는 프록터앤갬블Proctor &Gamble에서보다 인텔Intel에서 더욱 힘을 갖는다. 그 이유는 인텔과 같이 기술적으로 특화된 조직은 자사 상품의 기술력과 품질을 높이기 위해 공학자에게 더욱 의존하기 때문이다. 프록터앤갬블에서는 오히려 마케팅이 가장 대접을 받으며, 가장 파워 있는 직종 역시 마케터이다. 이러한 예시는 조직의 불확실성을 감소시키는 것과 같이 중요한 능력의 보유가 조직에서 힘을 갖게 해주지만, 어떤 능력이 중요한지는 조직의 상황에 따라 다르다는 것을 동시에 보여준다.

다시 말해, 어떤 능력이 힘을 갖게 해줄 만큼 중요한지는 조직이 처한 상황 그리고 같은 조직일지라도 시기에 따라 다를 수 있다.

> 어떤 능력이 힘을 갖게 해줄 만큼 중요한지는 조직이 처한 상황 그리고 같은 조직일지라도 시기에 따라 다를 수 있다.

 만약 조직 내에서 어떤 능력을 갖고 있는 사람이 많다면, 그 능력을 보유했더라도 그것이 여러분의 힘을 증대시키지는 않는다. 이러한 예시가 바로 조직에서 낮은 직위의 사람이 높은 직위의 사람보다 더 강력한 파워를 가질 수 있는지를 설명하는 데 도움이 된다. 이러한 예시를 통해 우리는 업무 매뉴얼을 세단기에 넣어버리고, 후배 사원을 교육시키기를 거부하며, 심지어 다른 사람에게 자신이 하는 일을 알려주지 않는 등의 비협력적 행동이 왜 발생할 수 있는지 알 수 있다. 게다가 회사 내 전문가들이 왜 전문용어나 특수용어를 만들며, 실제보다 일이 더 복잡하게 보이도록 비밀리에 작업을 하는지도 알 수 있다(다름 아닌 자신들만의 전문성을 지켜야 힘이 유지되기 때문이다).

| 진실 32 |

성공적인 리더는
정치적으로
기민하다

조직의 사람들이 그들의 권력(힘)을 행동으로 변환할 때, 우리는 그 사람들을 정치적이라고 묘사한다. 탁월한 정치적 스킬을 가진 사람들은 그들이 가진 권력 기반을 매우 효과적으로 사용한다. 그리고 효과적인 리더들은 정치적으로 기민하다.

정치란 어떤 개인의 공식적인 역할로서 요구되는 행동은 아니지만, 조직의 자원 배분에 영향을 미치는 행동이나 혹은 영향을 미치려는 시도로 볼 수 있다. 정치적 행동은 여러분이 조직에서 공식적으로 해야 할 직무관련 행동은 아니다. 이러한 정치적 행동은 유용한 정보나 도움을 줄 수 있는 조직 내외의 사람들과 친근한 관계를 형성하고, 핵심적이지 않은 사안에 대한 분쟁을 피하고, 다른 의사결정자들이 알지 못하는 핵심적인 정보를 독점하고, 자신에게 이득이 되는 사람들과 연합을 형성하고, 루머를 퍼뜨리고, 다른 사람과 공동의 이익을 창출하기 위해 교환관계를 형성하고, 어떤 개인이나 의사결정 사안에 대해 찬성 혹은 반대하도록 로비를 하며, 여러분 자신의 기여나 성과를 널리 홍보하는 등의 다양한 행동을 포함한다.

많은 사람들에게 정치적으로 행동하는 것은 부정적으로 보여진다. 어

떤 사람들은 자신이 정치적
으로 행동하지 않는 것에 자
부심을 갖기도 한다. 그들은 자신이 맡은 업무만 잘하면 조직에서 그만큼 성공할 수 있을 거라고 믿는다. 하지만 그들의 생각은 매우 순진하다. 정치는 조직 생활의 한 부분이다. 리더들은 부하들이 원하는 것을 조직으로부터 얻어내기 위해 정치적으로 행동할 수밖에 없다. 하지만 실제로는 많은 리더가 정치적으로 행동하기를 원치 않고 혹은 정치적으로 잘 행동하지 못하기 때문에, 실패하거나 혹은 그들의 성과를 제대로 활용하지 못한다.

실제로 많은 연구 결과가 정치적 스킬이 인사고과 점수를 높이는 우수한 변수임을 보여준다. 즉 정치적 스킬이 뛰어난 부하들이 상사로부터 더 좋은 인사고과를 받을 가능성이
높다. 그리고 정치적 스킬은 대
인관계가 요구되는 직무에서 객
관적인 직무 성과와 상사가 평
가한 주관적 인사고과를 모두
잘 예측한다. 즉 정치적 스킬은 혼자서 주로 일하는 소프트웨어 프로그래머의 직무 성과는 잘 예측하지 못하지만, 영업사원 혹은 프로젝트 팀 리더의 직무 성과는 훨씬 잘 예측할 수 있다.

정치적인 행동의 탁월한 예는 바로 뛰어난 언변이다. 진실 27에서 논의했듯이, 효과적인 리더는 이슈를 어떻게 프레임하는지 잘 안다. 예를 들어 어떤 사람이 조직에 대한 충성심을 보일 때, 다른 사람의 눈에는 상사에게 아첨하는 것으로 보일 수 있다. 어떤 임원이 중요한 사안에 대해 부하에게

> 정치는 조직 생활의 한 부분이다.

> 많은 연구 결과가 정치적 스킬이 인사고과 점수를 높이는 우수한 변수임을 보여준다.

결정 권한을 줄 때, 이것은 권한 이양인가 혹은 책임 전가인가? 꼼꼼히 모든 결정 사항들을 문서화하는 것은 아마도 다른 사람들에게 뒤탈을 막기 위한 것으로 보일 수 있다. 이러한 예들은 관리자가 그들의 가장 기초적인 업무를 효과적으로 수행하는 데 정치적 프레임이 얼마나 중요한지를 보여준다.

정치적 스킬을 개발하는 데 보다 유리한 성격 유형이 존재하는가? 대답은 '그렇다'이다. 정서 지능과 자기 감시에서 높은 점수를 받은 사람일수록 정치적 자질을 보다 쉽게 개발할 수 있다. 정서 지능은 자신과 타인의 감정을 읽어내고 이해하는 능력이다. 따라서 정서 지능이 높은 사람들은 어떤 상황에서 어떤 감정이 보다 적절한지를 보다 빨리 파악(판단)할 수 있고 그러한 감정을 제어할 수 있다. 그들은 또한 타인의 감정을 해석하여 어떤 감정을 타인에게 보이는 것이 적절한지를 알고 있다. 의심할 여지없이 정서 지능이 높을 것이 분명한 빌 클린턴 전 대통령은 자신의 이러한 능력을 그의 유명한 "나도 여러분의 고통을 느낍니다I feel your pain"라는 말로 잘 표현했다.

자기 감시가 높은 사람들은 상황에 맞게 그들의 행동을 잘 변경하지만, 자기 감시가 낮은 사람들은 모든 상황에서 자신들의 느낌을 그대로 표현하며 평소 가치대로 행동한다. 자기 감시가 높은 사람들은 외부 환경 단서에 민감해 각 상황에서 요구하는 대로 상황마다 다르게 행동하며, 때때로 그들의 공적인 자아와 사적인 자아에 큰 차이를 보이기도 한다. 따라서 놀라울 것도 없이 이러한 능력은 그들로 하여금 카멜레온처럼 자신의 주변 환경에 맞도록 태도와 행동을 수정하게 해준다. 자기 감시가 높은 사람의 장점을 극적으로 보여주는 한 연구에 따르면, 자기 감시가 높은 사람들은 조직의 인간관계 네트워크의 핵심에 들어가는 데 평균 18개월이 걸렸지만, 자기 감시가 낮은 사람들은 무려 13년이나 걸렸다.

역자 주: 몇몇 연구에 따르면, 이러한 정치적 스킬은 적극적이고 성실한 사람이 사용할 때, 직무 성과나 보상 등의 측면에서 더 효과적이다. 즉 정치적 스킬이 적극성이나 성실성의 대체물은 아니지만, 적극성과 성실성의 효과를 극대화하는 데 도움이 된다.

윤리적 리더십

엔론 Enron, 헬스사우스HealthSouth, 컨트리와이드 파이낸셜Countrywide Financial, 버크셔 헤서웨이Berkshire Hathaway, 패니 매Fannie Mae, AIG, 뉴 콥New Corp.과 같은 회사의 임원들이 범한 비윤리적 경영 사례는 리더의 효과성을 평가하는 데 윤리적 기준을 심각하게 고려할 필요가 있음을 여실히 보여준다.

윤리는 여러 측면에서 리더십과 관련된다. 예를 들어, 카리스마는 윤리적 요소를 포함한다. 비윤리적 리더는 카리스마를 자신의 권력과 이익을 극대화하는 방향으로 악용한다. 하지만 윤리적 리더는 카리스마를 타인을 섬기고, 또한 사회적으로 건설적인 방향으로 선용한다.

> 윤리는 여러 측면에서
> 리더십과 관련된다.

정직하게, 자주, 정확한 정보를 제공해 자신의 부하를 공정하게 대우하는 리더는 보다 효과적이고 윤리적인 리더로 평가받는다. 윤리적으로 높은 평가를 받는 리더들은 자신의 일을 보다 효과적이고 적시에 마칠 수 있도록 최선의 노력을 기울이며, 자신의 삶과 직무에 대해 모두 만족하는 부하와 함께 일할 경향이 높다. 권력을 남용하고 악용하는 리더들은 자신의 월급을 올리고, 보다 많은 보너스와 주식을 챙기며, 동시에 비용 절감이라는 미명하에 장기 근속한 직원들을 대량 해고한다. 신뢰의 문제는 리더가 얼마나 정직하고 견실한지와 분명하게 관련된다.

관리자들은 자신이 이끄는 팀 전체의 도덕적 톤Tone을 설정한다. 때문에 그들은 자신의 행동에 대한 분명한 기준을 가지고 있어야 하고, 부하들에게 정직과 견실을 바탕으로 행동하도록 격려하며, 그러한 행동에 대해 보상해주어야 한다. 미국 육군 병사 2,572명을 대상으로 한 조사에 의하면, 최고 사령관들의 윤리적 리더십은 그 직속 부하뿐만 아니라 조직 전체에 긍정적인 영향을 미치는 것으로 나타났다. 왜냐하면 최고 사령관들의 윤리적 리더십은 조직 내 윤리적 문화를 형성시키고 하위 사령관들도 윤리적 기준을 따라서 행동하도록 요구하기 때문이다.

리더십의 효과성은 리더가 추구하는 목표의 내용뿐만 아니라 그러한 목표를 달성하기 위해 사용한 수단과도 직접적으로 관련된다. 예를 들어, 스티브 잡스는 천재와 카리스마 리더로서 종종 묘사된다. 하지만 그는 매우 무례하고, 무리한 요구를 잘 하며, 타협을 모르고, 독불장군처럼 행동하고, 직원들의 업무에 사사건건 간섭하는 인물이었다. 그는 애플을 성공적으로 이끌었고, 애플은 2012년 미국에서 주가 가치가 가장 높은 기업이 되었다. 하지만 애플의 성공은 매우 무자비한 조직 문화에 의해서 성취된 것이었다. 애플은 종종 잔인하고, 용서가 없고, 완벽함이 당연시되며, 실수에 대한 문책이 엄격히 이루어지는 곳으로 묘사된다. 중요한 것은 애플의 조직 문화가 스티브 잡스의 무자비하고, 격하고, 용서가 없고, 완벽함을 추구하는 성격을 판박이 했다는 점이다(하지만 애플의 성공 이면에는 스티브 잡스가 조직의 체질 개선과 지속적 혁신을 추구했다는 점도 있다.-역자).

추가적으로 윤리적 리더십은 반드시 리더가 설정한 목표가 무엇인지, 그 내용을 파악해야 한다. 그 리더가 회사를 위해 추구하는 변화가 도덕적으로 용납 가능한 것인가? 어떤 리더가 고객의 건강을 해칠 수 있는 상품을 팔아 조직의 성공을 이끌려고 한다면 그 리더는 효과적인 리더인가? 이러한 질문은 담배나 인스턴트 음식 분야에서 일하는 임원들에게 던질 수 있는 것들이다. 또한 전쟁이 일어날 필요가 없었는데도 그 전쟁을 일으켜 승리한 군대의 리더가 성공적인 리더로 여겨져야 하는가?

리더십은 가치중립적 문제가 될 수 없다. 리더로서 여러분은 설정한 목표의 달성을 위해 일하는 부하들에 의해, 그리고 그러한 목표의 윤리성에 대해 평가받을 준비가 항상 되어 있어야 한다.

> 리더십은 가치중립적 문제가 될 수 없다.

역자 주: 최근 미국에서는 윤리적인 리더십에 대한 관심이 매우 높다. 윤리적 리더십의 근간에는 윤리적 성격이나 가치가 있는데, 이를 파악하고 측정해내는 것이 중요한 연구 과제로 부상하고 있다. 이는 금세기 들어 비윤리적인 여러 최고경영자 및 정부 관료들 때문에 발생한 스캔들 때문인 것으로 해석된다.

진실 34

먼 곳에서
리더십 발휘하기

여러분 은 거리상으로(물리적으로) 멀리 떨어져 있어 정보통신 기기로 의사소통해야 하는 부하들이 있다면, 이들을 어떻게 관리할 것인가? 이들은 다른 시간대, 다른 장소, 다른 문화에서 거주하고 있을 수 있다.

오늘날의 리더들과 부하들은 지리적 근접성보다는 정보통신망에 의해 보다 더 연결되어 있는 현실을 무시

> 오늘날의 리더들과 부하들은 지리적 근접성보다는 정보통신망에 의해 보다 더 연결되어 있다.

할 수 없을 것이다. 정보통신의 발달 덕분에, 사람들은 어디서든 일할 수 있게 되었다. 몇 가지 예를 들자면, 이메일을 통해 부하들과 정기적으로 의사소통하는 관리자들, 여러 곳에 떨어져 일하는 팀원들로 구성된 프로젝트 팀의 관리자들, 재택 근무하는 부하들을 인터넷을 통해 관리하는 관리자들 등이 있다. 이러한 관리자들은 이메일을 사용하고, 트위터Twitter를 하고, 전화로 회의를 하고, 웹 기반의 미팅을 갖고, 스카이프Skype나 페이스타임FaceTime과 같은 프로그램을 효과적으로 이용할 수 있는 궁극적으로 효과적인 가상 리더Virtual Leaders가 되어야 한다.

이러한 가상 리더에게 도전거리가 되는 가상적 상호작용에는 무엇이 빠져 있는가? 그건 바로 물리적 접촉(면대면 접촉)이 없다는 점이다. 팀원 간의 응집성을 유도하기 어렵고, 직접적인 업무 지시의 기회도 없고, 종종 시차가 존재한다. 따라서 의사소통은 더욱 핵심적인 이슈가 된다.

면대면 의사소통에서는 비언어적 행동을 통해 기분 나쁘게 들릴 수 있는 말을 완화시킬 수 있다. 미소 혹은 몸동작을 통해서 '실망했다, 만족스럽지 않다, 불충분하다, 기대 이하이다'와 같이 강한 어조의 말이 갖는 부정적인 효과를 줄일 수 있다. 하지만 이러한 비언어적 표현은 온라인이나 전화통화상에서는 존재하지 않는다. 전화나 온라인과 같은 의사소통 수단으로는 감정을 제대로 표현하기 힘들기 때문에, 면대면 의사소통이었다면 발생하지 않았을 오해나 갈등이 종종 발생한다. 따라서 온라인으로 의사소통을 할 때 리더는 자신이 전달하려는 감정이나 느낌이 정확히 전달될 수 있도록 메시지의 어조를 분명히 할 필요가 있다. 이 메시지는 공식적 혹은 비공식적이어야 적당한가? 메시지가 전달자의 언어 스타일과 부합하는가? 메시지가 의도한 중요성이나 긴급성을 적절히 전달하고 있는가? 이런 질문을 의사소통을 할 때마다 스스로에게 물어보아야 한다. 경험이 부족한 리더들은 온라인상에서 메시지를 전달할 때, 그들이 부하에게 면대면 상황에서 사용하는 방식 그대로 상사에게 전달했다가 큰 낭패를 보기도 한다. 또는 그러한 리더들은 좋지 않은 소식을 전달할 때 이를 적절히 은폐하고자 디지털 의사소통을 선택적으로 사용하기도 한다.

면대면 환경에서 일반적으로 생기는 비공식적이고 친근한 상호작용이 가상적 업무 환경에서는 극히 제한적이거나 결핍되어 있다. 상사와 부하 사이의 개인적인 상호작용은 주로 이러한 비공식적, 면대면 상황에서 이루어진다. 이러한 상호작용은 리더가 자신의 성격과 열정을 부하들에게 보여주고 부하들로부터 신뢰를 얻는 데 매우 중요하다. 하지만 성공적인 가상 리더들은 이러한 상호작용의 대체물을 소셜 미디어에서 찾는다. 즉, 페이스북이나 유사한 소셜 미디어를 통해 자신의 흥미와 경험, 소문을 전달하며, 또한 일과 관련된 문서, 사진, 비디오도 공유한다.

디지털 시대에는 리더가 아닌 사람들도 리더가 될 가능성을 고려해야 한다. 면대면 의사소통에서는 만족스럽지 못한 리더십 스킬을 가진 사람이 온라인 의사소통(소셜 미디어)에서는 탁월한 능력을 발휘할 수 있다. 이러한 자질은 문장력과 글 속에 내포된 의도를 읽어 내는 능력에 있다. 가상적 업무 환경은 탁월한 언변을 가진 사람에게는 별 도움이 되지 않지만, 탁월한 문장력을 가진 사람에게는 큰 도움이 된다.

> 가상적 업무 환경은 탁월한 언변을 가진 사람에게는 별 도움이 되지 않지만, 탁월한 문장력을 가진 사람에게는 큰 도움이 된다.

마지막으로, 가상적 대인관계 스킬을 개발하는 것은 쉬운 일이 아니다. 처음 듣는 사람에게는 가상적 대인관계 스킬이란 단어가 모순처럼 들릴 수 있다. '대인관계'는 사회적 대면 상호작용을 요구하지만 '가상적'은 (사회적 상호작용이 일어날 수 있는) 공간적 개념을 요구하지 않는다. 그럼에도 불구하고 가상적 리더에게도 대인관계 스킬이 필요하다. 다만 그러한 스킬이 면대면 관계에서 요구되는 스킬과 동일하지는 않다. 가상적 리더가 보유해야 할 대인관계 스킬은 컴퓨터, 스마트폰, 혹은 아이패드를 통해 글을 써서 부하로 하여금 그들의 리더로부터 지원(후원)을 받고 있다고 느끼게 해주는 것이다. 또한 다른 사람이 쓴 글을 읽고 그들의 감정이나 느낌을 읽어 내는 능력도 필요하고, 전화로 잘 대화하는 능력도 필요하다. 요약하자면, 가상적 리더에게 훌륭한 글쓰기 능력은 확장된(가상적) 대인관계 스킬로서 더더욱 중요해지고 있다.

| 진실 35 |

세대 간
가치 차이를
이해하라

잔 스튜어트Jan Stewart는 자신의 귀를 믿을 수 없었다. 전화기 너머로 한 직원의 어머니가 왜 자기 아들에게 초과 근무를 시켰는지 불만을 제기하고 있었기 때문이다. 스튜어트는 "지금까지 제게 불만을 이야기한 직원은 있었어도, 이런 불만을 직원의 부모로부터 듣는 것은 처음입니다."라고 말했다.

스튜어트는 '헬리콥터'처럼 자녀의 주위를 맴돌며 항상 애지중지 보살피는 부모 밑에서 오냐오냐 자란 직원을 관리한다는 것이 어떤 것인지 직접 경험할 수 있었다. Y세대를 관리하면서 겪게 될 여러 애로 사항을 미리 파악할 수 있는 기회가 여기 있다.

현재 미국의 근로자들은 그들이 언제 태어났는지에 따라 다음 3가지 집단으로 세분화할 수 있다. 1946년에서 1964년 사이에 태어난 베이비부머Baby Boomer가 있고, 1965년에서 1977년 사이에 태어난 X세대가 있으며, 그 이후에 태어난 이들로 신세대 또는 밀레니엄 세대라 불리는 Y세대가 있다. Y세대는 1978년에서 1991년 사이에 태어났다. 그렇다면 동일한 해에 태어난 직원들은 동일한 가치를 가지고 있을까? 물론, 아니다. 하지만 그 시대를 대표하는 역사적 사건은 평생 동안 개인의 가치에 심오한 영향을

170

미친다. 또한 동일한 경험은 유 개인들이 가진 가치는 상이하며,
사한 가치를 형성한다. 따라서 이러한 가치는 그들의 성장기 동
개인적 가치와 마음가짐, 세대 안의 사회적 가치를 반영한다.
간 차이, 그리고 다른 시대에
태어난 종업원을 관리하고 동기부여하는 과정에서 겪게 될 여러 애로 사항들을 보다 잘 이해하는 데 다음 내용이 도움이 될 것이다.

베이비부머는 제2차 세계대전 후 귀향한 예비역들이 낳은 자식들이다. 1950년대와 1960년대를 거쳐 자라면서 그들은 부(물질적 성공), 안정, 모든 것이 가능하다는 가치 등에 의해 영향을 받는다. 역사상 가장 인구수가 많은 세대로 그들은 매우 경쟁적으로 태어났다. 그들은 1960년대 중반에서 1980년대 중반까지 취업 전선에 들어갔다. 이들 세대는 성취와 물질적 성공을 매우 중요시하지만, 권위주의와 게으름은 혐오한다. 관리자들은 그들에게 도전적인 과제를 주어야 하고 최소한의 간섭만 해야 한다.

X세대는 국제화, 맞벌이 부모, MTV, 에이즈와 컴퓨터에 의해 영향을 받고 자랐다. 그들은 유연성, 삶의 다양한 선택, 직무(직업) 만족 등을 가치 있게 여긴다. 일중독인 베이비부머의 자녀로서 그들은 혼자서 강하게 자랐다. 따라서 독립적이고 남에게 의존하지 않는다. 또한 가족과 원만한 대인관계는 이들 세대에게 매우 중요한 부분이다. 이들은 이전 세대와 달리 일과 가정 간의 균형을 추구하기 때문에, 조직을 위한 개인적 희생을 거의 하지 않는다. 따라서 이들의 관리자들은 그들에게 업무 관련한 유연성/자율성을 많이 부여해야 하고, 그들이 일과 가정 간의 균형을 유지하도록 도와주어야 한다.

Y세대는 그들을 애지중지하고 그들의 자존심을 높여주는 방향으로 양

육한 헬리콥터 부모 밑에서 자랐다. 그들의 부모는 그들에게 경쟁을 강조하지 않고, 승자와 패자를 구분하는 것을 싫어한다. 따라서 경쟁에서 이기고 지는 것보다는 그 과정에 참여하는 것에 가치를 둔다. Y세대는 팀워크, 지속적인 성과 피드백을 선호하며, 정보 기기의 사용에 매우 영민하다. 그들은 멀티태스킹을 잘 하며, 새로운 것을 배우는 걸 좋아한다. 그리고 야심적이지만 종종 자신들의 경력에 대해 비현실적으로 높은 기대를 갖고 있기도 하다. 또한 자부심이 매우 강하다. 그들은 자신들의 관리자가 지속적인 코칭과 멘토링을 해주기 원한다. 관리자들은 그들에게 동기부여를 하기 위해 정기적인 피드백을 제공해야 하고, 분명한 업무 지시를 내려야 하고, 팀워크를 발휘할 수 있도록 직무 설계를 해주어야 한다. 마지막으로 새로운 스킬을 배울 수 있는 기회도 제공해주어야 한다.

역자 주: 관리자들은 자신이 관리하는 다양한 세대의 직원들을 이해하고 배려하기 위해서 획일적인 관리 방식을 버려야 한다.

적극적으로
멘토링하라

효과적

인 관리자는 항상 자신이 속한 팀의 멘토Mentor로서 책임을 다한다. 이러한 멘토로서의 역할은 조직에서 Y세대가 베이비부머 세대를 대체하면서 더욱 중요해졌다. Y세대는 베이비부머 세대와는 달리 상사로부터 피드백과 지도 편달을 받고자 하는 욕구가 강하다. 하지만 멘토링은 직속 부하에만 국한된 것은 아니다. 많은 멘토링 관계는 직속 보고 체계를 넘어서 형성된다.

멘토링은 경험이 부족한 직원에 대한 후원과 지원으로 정의된다. 멘티Mentee(멘토링 수혜자)가 같은 팀의 직속 부하일

> 멘토링은 경험이 부족한 직원에 대한 후원과 지원으로 정의된다.

필요는 없지만, 다음 논의를 살펴보면 왜 여러분의 부하를 멘토링해야 하고, 어떻게 해야 멘토링을 더 효과적으로 할 수 있는지에 대한 조언을 제공한다.

멘토는 멘티가 스킬을 개발하고 그들의 업무 목표를 달성하도록 지도 편달해준다. 그리고 멘토는 멘티를 조직에서 영향력 있는 인사들에게 소개시켜주고 그들에게 조직의 정치적 역학에 대해서 여러 직관을 제공해

준다. 또한 조직에서 경력 장애 요인이 되는 것을 알려주고, 새로운 아이디어를 개발하고 구체화하도록 도와주는 도약판으로서의 역할도 해준다. 멘토는 멘티를 조직의 높은 위치에 있는 인사들에게 잘 말해주며, 그들이 자신의 평판을 해치지 않도록 여러 위험 요인에서 보호해준다. 추가적으로, 멘토는 멘티에게 자신의 다양한 경험을 공유하고, 개인적 도움을 제공하고, 멘티가 좌절할 때 그들의 자신감을 고양시켜주고, 우정을 베풀고, 그들을 있는 그대로 수용해준다.

매우 성공적인 관리자들은 누구나 자신의 경력 초기에 한 명 혹은 그 이상의 멘토가 있었고, 그들과의 멘토링 관계가 자신들의 이후 경력에

> 매우 성공적인 관리자들은 누구나 자신의 경력 초기에 한 명 혹은 그 이상의 멘토가 있었다고 주저 없이 인정한다.

서 매우 중요한 역할을 했음을 주저 없이 인정한다. 예를 들어, 여러 연구들은 멘토링 관계를 통해서 획득한 여러 인간관계 끈들이 이후에 성공적인 경력을 쌓는 데 아주 중요한 예측 요인임을 알려준다.

그렇다면 왜 관리자들은 자신의 부하들을 포함한 조직의 구성원들을 멘토링하는 데 시간과 노력을 투자해야 하는가? 그 대답은 타인에게 도움을 제공함으로써 발생하는 개인적 만족, 미래에 훌륭한 멘토로서 인정받는 것(그 멘티는 미래에 중요한 협력자가 될 수도 있다)에 대한 투자, 그리고 조직의 성과에 대한 기여로 요약할 수 있다.

만약 당신이 젊은 세대와 무언가를 공유하고 싶고, 또한 당신의 조직에 어떤 전설을 남기고 싶다면 멘토링은 매우 유용한 방편이 될 것이다. 그리고 멘토링이 제공하는 피드백 기능을 간과하지 마라. 멘토링은 젊은 근로

자의 태도에 관한 걸러지지 않은 진실된 정보를 제공해줄 수 있고, 조직이 가진 여러 잠재적 문제점을 파악하는 데 아주 중요한 초기 경보/신호를 제공해줄 수도 있다. 마지막으로 멘토링에 적극적인 관리자들은 타인의 재능을 개발해주는 데 관심이 많은 훌륭한 리더로 여겨질 것이다.

많은 회사들은 신입 직원들이 조직의 여러 사정들을 이해하는 데 도움을 주고 또한 그들의 개발을 촉진하기 위해서 공식적인 멘토링 프로그램을 운영한다. 어떤 회사들은 선임자를 멘토로 지정하기도 한다. 하지만 많은 멘토와 멘티가 그들 스스로 멘토링 관계를 형성하고 비공식적으로 멘토링을 한다. 이런 경우 멘토의 역할을 할지 안 할지는 순전히 개별 관리자들의 몫으로 남는다. 하지만 이전에 언급했듯이, 멘토링은 멘토와 멘티 모두에게 장점이 많다. 따라서 여러분이 멘토링 역할을 해볼 것을 적극 권유한다.

여러분이 생각하기에 미래에 성공할 잠재력이 충분해 보이는 멘토링 관계를 맺을 만한 멘티를 발견했다면, 그 다음 단계는 그 대상에게 도전적인 과제를 주어서 시험해보는 것이다. 만약 그 멘티가 과제를 충분히 완수했다면, 여러분은 그러한 관계를 진전시켜서 그 멘티에게 여러 가지를 공유하고 가르쳐줄 수 있을 것이다. 예를 들어, 회사가 공식적인 구조와 절차를 넘어서 실제로 어떻게 작동되는지를 멘티에게 가르쳐줄 수 있을 것이다.

만약 관리자인 여러분이 자신의 부하를 멘티로 삼았다면 한 가지 경계해야 할 것이 있다. 바로 멘티를 제외한 다른 부하들을 소외시키는 것이다. 특정 부하에게 멘토링을 해주는 것과 그 부하에게 업무 성과를 넘어서는 업적 고과, 연봉 인상, 보너스 지급 등과 같은 특혜를 주는 것은 전혀 다른 문제이다. 이러한 인사상의 결정은 멘토링 관계가 아닌 부하 개개인의 업무 성과에 걸맞게 공정하게 내려져야 한다. 즉, 멘티라고 해서 특정 부하에게 특혜를 주면 다른 부하들의 사기는 떨어진다.

역자 주: 멘토링이 꼭 오프라인에서 면대면으로 이루어질 필요는 없다. 오늘날 정보통신 기술의 발달은 온라인에서도 멘토링이 효과적으로 이루어질 수 있음을 시사한다. 특히 온라인에서는 국경을 넘는 멘토링도 용이하다. 따라서 기업들은 면대면 멘토링이 시/공간 제약으로 어렵다면, 가상적 멘토링을 활용하는 방안을 적극 강구해야 할 것이다.

문화의 차이에 따라 리더십 스타일을 조정하라

많은 관리자가 자신의 리더십 스타일을 구성원의 문화적 배경에 따라 적절히 조정해야 한다는 것을 잊어버린다. 때문에 리더로서 실패한다. 이것은 외국 주재원으로서의 업무를 맡은 관리자나 혹은 문화적 배경이 다른 구성원을 관리해야 하는 사람에게도 적용된다. 연구 결과에 따르면, 국가의 문화는 관리자의 리더십 효과성에 직접적인 영향을 주며, 특히 리더십 스타일과 의사소통에 영향을 미친다.

출신 국가의 문화는 리더십 스타일에 2가지 방법으로 영향을 미친다. 이것은 구성원의 리더 선호도와 그들이 어떤 리더

> 국가의 문화는 관리자의 리더십 효과성에 직접적인 영향을 준다.

십 스타일에 수용적인지를 알려준다. 리더들은 자신이 마음먹은 대로 리더십 스타일을 선택할 수 없다. 리더의 행동은 그들이 교육받고 사회화된 문화와 그들의 부하들이 기대하는 문화에 의해 강하게 영향받는다. 예를 들어, 자의적이고 독재적인 리더십 스타일은 불공평한 파워가 범람하는 사회에서 요구된다. 아랍권이나 라틴 아메리카에서 이러한 실례를 볼 수 있다. 아랍 사람들은 그들의 리더가 강하고 거칠기를 기대한다. 이 문화권

에서는 특별한 요청이 없는데도 리더가 친절함을 보인다면, 이를 그가 약하다는 의미로 해석한다. 멕시코는 가부장적 문화와 남성다움의 원칙이 강하게 지배하는 사회이기 때문에, 사람들은 그들의 리더가 결단력이 있고 다소 독재적이기를 원한다. 이와 관련하여 힘의 불평등 척도는 구성원들이 참여적 리더십을 기꺼이 수용하고자 하는 정도를 잘 나타내는 지표이다. 참여적 리더십은 노르웨이, 핀란드, 덴마크 및 스웨덴과 같이 평등을 가치 있게 여기는 국가에서 효과적이다.

리더는 그들의 부하가 미국이 아닌 다른 문화에서 양육되었다면 현재 미국에서 근무하더라도 그들의 기대를 잘 고려해야 한다. 예를 들어 멕시코에서 태어나고 자란 많은 부하들을 관리하는 로스앤젤레스에 있는 회사에서 일하는 관리자는 다소 독재적인 스타일을 행사할 필요가 있다. 왜냐하면 그러한 리더십 스타일이 그 부하들의 조국에서 더 빈번하게 경험할 수 있는 익숙한 것이고, 그 부하들의 기대 속에 효과적인 리더십과 더 강하게 연결되어 있기 때문이다.

마지막으로 하고 싶은 말은 대부분의 리더십 이론이 미국에서 미국인을 대상으로 개발되었다는 사실에 주목하라는 것이다. 이것은 이러한 이론이 미국식 편파를 가지고 있다는 것을 의미한다. 이 이론들은 부하의 권리보다 그들의 책임을 강조하고, 이타적 동기나 소명의식보다는 쾌락주의를 강조하며, 삶에서 일의 중요성과 민주적 가치를 지향한다. 또한 영성, 종교, 미신보다 합리성을 중요시 여긴다. 하지만 이러한 가정은 범문화적인 것이 아니다. 예를 들어, 영성에 중요한 가치

대부분의 리더십 이론은 미국식 편파를 가지고 있다.

를 부여하는 인도에는 이러한 이론이 적용되지 않는다. 또한 체면을 차리는 데 관심이 많은 일본의 조직에도 적용되기 힘들다. 그리고 구성원을 공개적으로 모욕하는 것이 가능한 중국에서는 더더욱 적용되기 힘들다. 성공적인 사업을 보여주고 있는 중국 중부의 아시아 디파트먼트 스토어Asia Department Store의 임원들은 자신이 '잔혹한' 관리자라고 떠벌리고 자랑하며, 신입사원이 중국 인민군과 함께 2주에서 4주간의 힘든 훈련을 받게 한다. 그들은 이러한 훈련을 통해 신입사원의 복종심을 높이려고 하는데, 심지어 현장 교육 시 공공연하게 신입사원들을 당황스럽게 만들거나 공개적으로 모욕을 주기까지 한다.

역자 주: 국내에도 동남아 등지에서 온 외국 근로자들이 많다. 이들의 동기를 극대화하기 위해서는 이들의 문화적 특성을 이해하려는 관리자들의 노력이 절실히 요구된다. 이들의 문화를 이해하는 데 도움이 되는 하나의 도구는 이들이 태어나고 자란 국가의 문화적 가치를 이해하는 것이다. 국가 간 문화 차이에 관한 연구의 선구자인 거트 호프스테드Geert Hofstede 박사의 연구에 기반하여, 국가별로 6가지 문화적 가치(집합주의, 권력 거리 등)에 대한 정보를 제공하는 다음의 사이트가 큰 도움이 될 것이다. http://geert-hofstede.com/countries.html

의사소통에
관한 진실

그냥 듣는 것과
경청은 다르다

많은 관리자가 듣는 것은 잘 하지만 경청은 잘 못한다. 무슨 말인지 다소 혼돈스러울 수 있는데 설명하자면, 듣는 것은 음파의 진동을 감지하는 것이고, 경청은 우리가 들은 것으로부터 의미를 만들어내는 것이다. 따라서 경청은 주의 집중, 해석, 그리고 그러한 자극의 기억을 요구한다.

> 듣는 것은 음파의 진동을 감지하는 것이고, 경청은 우리가 들은 것으로부터 의미를 만들어내는 것이다.

효과적인 청취는 수동적이기보다는 적극적이다. 수동적 경청을 한다면, 여러분의 역할은 녹음기와 같다. 하지만 적극적 경청은 화자의 머릿속 깊이 들어가 그 화자의 입장에서 메시지를 이해하는 것이다. 여러분이 적극적 청취자라면, 여러분이 이해하고 싶은 것이 아니라 화자가 전달하고 싶은 것을 이해하려고 노력해야 한다. 또한 현재 화자가 말하고 있는 것에 대해 수용이나 이해를 표시해야 하며, 전달 내용에 대한 판단을 하지 말고 객관적으로 경청해야 한다. 마지막으로 화자가 전달하고자 하는 내용에 대한 완결된 의미를 파악하기

> 효과적인 청취는 수동적이기보다는 적극적이다.

위해 최선을 다해야 한다.

다음의 8가지 행동은 효과적인 경청 스킬과 깊은 관련을 갖고 있다. 만약 여러분이 경청 스킬을 향상시키고 싶다면 이러한 행동들에 유념해야 할 것이다.

1. 눈 맞춤을 하라

여러분이 이야기하고 있을 때, 상대방이 쳐다보지 않으면 어떤 느낌이 드는가? 대부분의 사람들은 보통 이러한 행동을 오만 또는 관심 부족으로 해석한다.

2. 긍정적인 고갯짓과 적절한 표정을 보여라

효과적인 청취자는 현재 진행 중인 대화에 비언어적 신호로 관심을 보인다. 긍정적인 고갯짓이나 적절한 표정이 눈 맞춤에 더해지면 이야기를 하는 화자는 여러분이 정말 경청하고 있다고 생각할 것이다.

3. 주의를 산만하게 하는 행동을 피하라

관심을 표명하는 또 다른 방법은 산만한 행동을 보이지 않는 것이다. 대화 중에는 시계를 본다거나 종이를 넘긴다거나 하는 행동을 보이지 말아야 한다. 이러한 행동을 보면 화자는 여러분이 지금 매우 권태롭거나 혹은 관심이 없다고 느끼게 될 것이고, 이것은 여러분이 완전히 주의를 기울이고 있지 않다는 걸 보여주는 것이다.

4. 질문을 하라

비판적인 청취자는 자신이 들은 내용을 분석적으로 받아들이고 질문을 한다. 이러한 행동은 들은 내용에 대한 명확화, 그리고 이해의 확인 및 화자에게 여러분이 경청하고 있다는 것을 말해준다.

5. 재진술하라

화자가 이야기한 것을 여러분의 표현으로 재진술하라. 적극적인 청취자는 "내가 들은 당신의 이야기는…" "당신의 이야기가 의미하는 바는…?"과 같은 표현을 사용한다. 상대방이 이야기한 것을 여러분의 표현으로 재진술함으로써, 스스로 이해한 내용의 정확성을 검증할 수 있다.

6. 상대방이 말하는 중에 끼어들지 마라

화자가 자신이 생각한 바를 끝까지 이야기하게 한 후에 반응해야 한다. 절대로 화자의 생각을 지레짐작해 미리 단정하지 말아야 한다. 화자가 할 이야기를 다 마치면, 여러분은 그것을 자연히 알게 될 것이다.

7. 너무 많이 말하지 마라

비록 이야기하는 것이 더 재미있고 침묵을 지키는 것이 불편하더라도 잊지 말아야 할 점은 말하는 동시에 경청할 수 없다는 사실이다. 적극적 청취자는 이러한 사실을 알고 있기 때문에 너무 많은 말을 하지 않는다.

8. 화자나 청취자의 역할을 부드럽게 바꾸어라

대부분의 대화는 화자나 청취자의 역할이 계속 번갈아 가며 바뀔 것이다. 적극적인 청취자는 이러한 전환을 매우 부드럽게 한다. 청취자의 역할은 화자가 이야기하는 것에 집중하는 것이고, 이야기를 듣는 동안 무슨 이야기를 할지 생각하여 화자에게 적절하게 반응하는 것이다.

역자 주: 역자의 경험으로는 국내의 많은 관리자가 질문을 잘 하지 못한다. 질문할 상황에 호통이나 질책부터 하는 경향이 있다.

진실 39

떠도는 소문에
귀를 기울여라

수년 전, 애틀랜타에 위치한 코카콜라 본사에는 무성한 소문이 나돌고 있었다. 이 회사는 당시 전 세계적으로 5,200여 명의 해고와 함께 대규모 구조 조정 중이었다. 소문에 따르면 주요 임원이 회사를 떠날 것이고, 중견 임원들 간의 자리싸움이 치열하며, 추가 해고가 임박했다는 것이다. 이러한 소문으로 직원들의 사기는 바닥으로 떨어졌다. 당시 부사장이었던 제임스 체스넛James Chestnut은 이러한 사태를 바로잡고자 했다. 그는 회사의 담당 임원이 현재 회사에서 일어나고 있는 변화에 대해 제대로 이야기해주지 못했다는 점을 인정하고 사과했다. 그리고 앞으로 '더 향상되고 빈번한 의사소통'이 있을 것이라고 약속했다.

코카콜라의 임원들이 경험한 것처럼, 소문은 구성원들의 사기를 저하시킬 수 있는 중요한 요인이 될 수 있다. 그렇다고 이것이 소문의 진원지를 없애버리라는 의미는 아니다. 하지만 소문을 증폭시키는 특정한 조건은 분명히 있다. 중요한 것은 코카콜라의 임원들이 뼈저리게 느꼈듯이, 관리자들은 이러한 소문의 진원지를 잘 관찰해 이슈에 적절히 대응해야 한다는 사실이다.

직장에서 소문은 다양한 목적을 가진다. 소문은 불안을 조장하거나 감소시키고, 단편적인 정보를 의미 있게 만들어주기도 하며, 일종의 이해집단인 연합을 형성시키기도 한다. 더욱이 소문은 소문 유포자의 신분(나는 소문의 내부에 있고, 너는 아니다) 혹은 힘(나는 너를 우리 편으로 만들어줄 힘이 있다)을 나타내기도 한다. 다시 말해, 소문을 알고 있는 것과 이것을 특정인에게 이야기해주는 것은 매우 정치적인 행동인 것이다.

연구에 따르면, 소문은 애매모호함이 존재하거나 혹은 불안을 야기할 만큼 우리에게 중요한 특정 상황에 대한 반응으로 출현한다고 한다.

> 소문은 애매모호함이 존재하거나 혹은 불안을 야기할 만큼 우리에게 중요한 특정 상황에 대한 반응으로 출현한다.

실제 직장에서 살펴보면 왜 어떤 조직에 소문이 퍼지게 되는지를 설명할 수 있는 3가지 요소를 발견할 수 있다. 새로운 상사의 임명, 사무실의 이전, 그리고 해고와 같이 대규모 조직에 흔한 비밀이나 경쟁 상황은 소문을 촉진시키고 이를 퍼지게 하는 주요 조건이다.

이러한 소문은 사라지지 않을 것이다. 이는 조직이나 집단 의사소통의 한 부분이다. 기민한 관리자는 소문의 존재를 인정하고 조직에 도움이 되는 방향으로 이용한다.

> 기민한 관리자는 소문의 존재를 인정하고 조직에 도움이 되는 방향으로 이용한다.

그들은 구성원이 중요하게 여기거나 불안해할 이슈를 소문을 통해 알아낸다. 다시 말해, 기민한 관리자는 소문을 피드백과 여과의 기능을 가진 것으로 본다. 소문은 구성원의 관심을 자아내는데, 만약 대규모 해고와 관련한 소문이 나돌고 있고 그것이 전혀 사실무근이라고 해도 여기에는 어떤 의미가 여전히 있다. 이것은 해고에 대한 구성원들의 공포와 우려를 나타낸다. 따라서 이러한 소문을 무시해서는 안 된다.

중요한 것은 관리자가 구성원들이 듣고 싶어 하는 메시지를 적시에 전달함으로써, 이러한 소문을 관리할 수 있다는 사실이다. 관리자는 소문의 패턴을 잘 주시하고, 어떤 사람들이 무슨 이슈에 관심이 있고, 누가 소문을 적극적으로 전달하는지를 관찰해야 한다. 더욱이 관리자는 나쁜 소문이 야기할 수 있는 부정적인 결과를 사전에 감소시켜야 한다. 만약 어떤 소문이 매우 파괴적인 영향을 미치고 있다는 것을 발견했다면, 여러분은 어떤 의사소통 방법을 사용해서 이 소문의 여파를 줄일 수 있는지 고민하고 구체적 방법을 강구해야 한다. 이러한 방법에는 중요한 결정에 대한 시간 계획을 사전에 구성원에게 공표하고, 비밀스럽고 일관성이 없어 보이는 의사결정이나 행동을 자세히 설명하는 것, 현재의 결정과 향후 계획의 긍정적인 면과 부정적인 면을 함께 전달하는 것, 잘못될 가능성이 있는 사안에 대해 공개 토론하는 것 등이 포함된다.

진실 40

남자와 여자는
의사소통 방식이
다르다

우리가 청소년기부터 진실이라고 믿어 왔던 한 가지 사실이 이미 연구로 확증되었다. 남자와 여자는 서로 의사소통하는 데 자주 어려움을 겪는다는 사실이다. 그들은 서로 다른 목적을 생각하며 대화를 한다. 남자는 자신의 지위를 강조하기 위해 대화를 하고, 반면에 여자는 관계 형성을 위해 대화를 한다. 이러한 차이가 관리자에게 상당히 도전적인 과제를 부여한다.

> 남자는 자신의 지위를 강조하기 위해 대화를 하고, 반면에 여자는 관계 형성을 위해 대화를 한다.

의사소통은 계속적인 균형 잡기 행동이다. 다시 말해 친근함과 독립성과 같이 상충되는 요구의 균형을 잡아야 한다. 친근함은 근접성이나 공통성을 강조하고, 독립성은 분리나 차이를 강조한다. 하지만 남자와 여자는 이러한 상충을 다르게 처리한다. 여자는 관계 형성이나 친근함의 언어를 말하고 듣는다. 반면에 남자는 지위, 파워, 독립성의 언어를 말하고 듣는다. 그래서 많은 남자에게 대화는 주로 독립성을 지키고 위계적 사회 질서 속에서 자신의 지위를 유지하는 수단이다. 반면 여자에게 대화란 사람들과 하나 될 수 있는 근접성에 대한 타협책이고, 타인에게 확증이나 지지를 줄 수 있는 수단이다. 여기 몇 가지 예시가 있다.

남자들은 여자들이 그들의 문제에 대해 너무 반복해서 말한다고 생각한다. 반면에 여자들은 남자들이 경청하지 않는다고 힐난한다. 여기에 무슨 일이 일어나고 있는가? 남자들은 어떤 문제에 대해 들었을 때, 독립성에 대한 자신들의 욕망을 표현하고자 해결책을 제시함으로써 그 상황을 제어하려고 한다. 반면에 여자들은 친근함을 증진시키기 위한 수단으로서 자신들의 문제를 이야기한다. 다시 말해, 여자들은 지지와 관계 형성을 얻기 위해 문제를 제시하는데, 이는 남자들의 조언을 얻기 위해서가 아니다. 상호 간의 이해란 대칭적인 것이다. 하지만 조언을 하는 것은 대칭적인 것이 아니다. 조언을 하게 되면 조언자는 보다 더 지식 있고 제어력이 많은 사람으로 인식된다. 이러한 사실이 남자와 여자가 의사소통을 하는 데 장애가 된다.

대화를 할 때 남자들은 여자들보다 더욱 직설적이다. 남자들은 "내가 생각하기에 그 점에 대해서는 당신이 틀린 것 같습니다."라고 말하곤 한다. 반면에 여자들은 "당신은 그 점과 관련해 마케팅 부서의 연구 보고서를 검토했습니까?"라고 말한다. 여기서 남자와 여자는 모두 보고서가 잘못된 것을 알리려고 한 것이다. 남자들은 보통 여자들의 비직설적인 면을 '흑심을 갖고 있는' 것으로 본다. 반면에 여자들은 직설적인 면이 만들어내는 지위나 원업맨십One-upmanship(내가 남보다 조금이라도 낫다는 자신감)에 남자들처럼 관심을 가지지 않는다.

여자들은 남자들보다 과시 성향이 적다. 여자들은 잘난 체하는 것처럼 보이지 않기 위해 자신들의 권위나 성취에 대해 그다지 강조하지 않으며, 오히려 다른 사람의 감정을 고려한다. 하지만 남자들은 이를 오해하여 여

자들이 자신감이나 역량이 부족하다는 잘
못된 결론을 내린다.

여자들은 남자들보다
과시 성향이 적다.

　남자들은 여자들이 항상 사과하는 것 같
다고 불평한다. 예를 들어, 남자들은 '죄송해요'와 같은 표현이 약함을 드러
내는 것이라고 해석하여, 심지어 여자들에게 책임이 없다는 것을 알면서
도, 여자들이 잘못을 감수하겠다는 표시로 받아들인다. 문제는 여자들은
애석함을 표현하거나 대화 시 균형을 회복하기 위해 '죄송해요'라는 표현
을 사용한다는 사실이다. 즉, 여자들이 말하는 '죄송해요'는 '그 사안에 대
해서 매우 유감입니다' 혹은 '나도 그렇게 생각합니다'라는 의미이다. 많은
여성이 사용하는 '죄송해요'라는 표현은 직접적 사과의 표현이 아니라 오
히려 다른 사람의 감정에 대한 배려와 이해의 표현이다.

진실 41

행동이 말보다
더 강하다

행동

행동이 말보다 더 전달력이 강하다. 말과 행동이 일치하지 않을 때, 사람들은 행동을 더 신뢰한다. 중요한 것은 바로 행동이다.

이러한 사실이 관리자들에게 주는 시사점은 바로 여러분이 역할모델이란 사실이

> 행동이 말보다 더 전달력이 강하다.

다. 부하들은 여러분의 행동을 보고, 모방하고, 그에 맞게 적응할 것이다. 그렇다고 말이 항상 통하지 않는다는 것은 아니다. 하지만 말과 행동이 어긋났을 때, 사람들은 행동을 통해 본 것에 집중하는 경향이 있다.

예를 들어, 부하에 대한 여러분의 태도와 윤리적 행동을 생각해보자. 많은 관리자가 부하의 중요성에 대해 "사람이 가장 소중한 자산입니다."와 같은 거창한 말을 늘어놓지만, 실상은 이러한 말과 상충되는 태도를 보인다. 또한 부하의 불평을 경청하지 않고, 부하의 개인적 문제에 대해 무감각하고, 괜찮은 부하들이 직장을 떠나게 만든다. 구성원이 관리자의 이러한 언행불일치를 보게 되면, 그들은 관리자로부터 들은 이야기보다는 관리자가 보여준 행동을 믿으려 할 것이다. 유사하게 조직 내에서 강한 윤리적 분위기를 조성하고자 하는 관리자는 자신의 행동과 말을 일치시켜야

할 것이다. 만약 관리자가 정직함의 중요성을 역설하면서 정작 자신은 회사 경비나 물품을 유용하고, 혹은 자주 지각을 하거나 일

말과 행동의 모순은 관리자가 구성원과 신뢰를 형성하는 데 가장 큰 장애가 된다.

찍 자리를 뜬다면 그의 말은 우이독경에 지나지 않을 것이다. 말과 행동의 이러한 모순(언행불일치)은 관리자가 구성원과 신뢰를 형성하는 데 가장 큰 장애가 된다. 말은 이렇게 하고, 행동은 저렇게 하는 관리자라면 어떤 부하도 신뢰하지 않을 것이다.

　지금까지 이야기한 사실에 분명한 예외가 있기는 하다. 많은 리더가 언어를 가다듬는 스킬을 개발해왔고, 자신의 장점은 부각시키고 단점을 감추는 '스핀'이란 스킬을 통해 부하들이 자신의 행동보다는 말에 집중하게 한다. 성공적인 정치인은 특히 이러한 스킬에 능하다. 왜 사람들은 말과 행동이 확실히 불일치한다는 증거가 없으면 이러한 스핀을 믿는 것일까? 스핀은 사람들의 의견을 형성하는 데 있어 말의 힘을 강조한다. 우리는 우리의 리더가 거짓말하지 않을 거라고 믿고 싶어 하는가? 우리는 우리가 존경하는 정치인이 말하는 것을 믿고 싶어 하는가? 우리는 지위가 높은 사람 -특히 우리가 투표한 사람- 이 부정적 행동을 보일 때, 의심하고 싶어 하는가? 이러한 질문에 대해 우리는 현재로서는 정확한 대답을 갖고 있지 않다.

역자 주: 미국에서는 말만 그럴싸한 것보다는 자신이 한 말을 직접 실천하는 것을 강조한다. 이는 특히 리더에게 중요한 덕목인데, 리더의 행동을 통해 부하들이 어떠한 행동이 조직에서 용인되는지를 간접적으로 배우기 때문이다.

진실 42

침묵의 가치

셜록 홈즈는 어떤 미제 살인 사건을 일어난 일이 아니라 일어나지 않은 일에 근거해 해결했다. 홈즈는 그를 돕던 왓슨 박사에게 '간밤에 그 집 개에 관한 굉장히 의아한 사건'에 대해 언급했다. 왓슨 박사는 놀라면서 "하지만 그 개는 간밤에 짖지 않았다."라고 대답했다. 셜록 홈즈는 왓슨 박사에게 "그게 바로 의아한 사건이지."라고 응답했다. 홈즈는 개가 간밤에 짖지 않았다는 사실을 통해, 그 개와 친근한 사람이 범인이라는 결론을 내렸다.

'그 개가 간밤에 짖지 않았다'라는 비유는 일어나야 할 일이 일어나지 않은 이유로 중요한 의미를 가질 때 자주 쓰인다. 또한 이 이야기는 의사소통에서 침묵이 가진 가치를 아주 잘 설명해준다.

말이나 소리의 부재로 정의되는 침묵은 아무것도 일어나지 않은 것으로 여겨지기 때문에, 의사소통의 한 형태로서 인정을 받지 못했다. 하지만 침묵은 반드시 아무것도 일어나지 않은 비활성의 상태는 아니다. 또한 침묵은 많은 사람이 생각하는 것처럼, 의사소통이 실

> 침묵은 강력한 의사소통 방식이 될 수 있다.

패한 상태도 아니다. 실제로 침묵은 강력한 의사소통 방식이 될 수 있다. 침묵은 어떤 사람이 주어진 질문에 대해 어떤 대답을 해야 할지 심사숙고하는 상황을 의미할 수 있다. 그리고 어떤 사람이 긴장되거나 말하기 두렵다는 것을 의미하기도 한다. 또한 동의, 반대, 좌절, 혹은 화가 난 상태를 의미하기도 한다.

우리는 침묵과 직장에서의 행동과의 관련성을 이해할 필요가 있다. 예를 들어, 침묵은 다수의 의견에 대한 (어쩔 수 없는) 동의로 정의되는 집단사고의 핵심적인 요소이다. 이는 '벙어리 냉가슴 앓는 것'과 마찬가지로, 근로자들이 불만감을 표시하는 수단일 수 있다. 또한 이는 매우 수다스러운 사람이 갑자기 말을 멈춘 것과 마찬가지로, 어떤 사람이 매우 기분이 언짢다는 것을 의미하기도 한다. 이 경우 사람들은 "뭐가 문제지? 그 사람 괜찮아?"와 같은 반응을 보인다. 이는 관리자가 어떤 직원을 고의적으로 회피하거나 '소리 없는 모욕'을 통해 무시하는 데 사용하는 강력한 도구이기도 하다. 그리고 침묵은 다른 사람들이 말한 것을 꼼꼼히 되새겨 보게 하는 집단 의사결정 과정의 한 요소이기도 하다.

대화 중 침묵에 주의를 기울이지 않는 것은 대화 중 전달되는 메시지의 중요한 한 부분을 놓치는 것과 같다. 의사소통 스킬이 영민한 사람들은 대화 중 중지하고 쉬는 부분, 상대방이 말하다 꺼리는 부분에 주의를 기울인다. 대화 중 잠시 중지하고 쉬는 것은 교차로에서 반짝이는 노란불과 같다. 즉, 그다음에 무엇이 나올지 주의를 기울여야 한다. 상대방이 생각을 하고 있거나, 해당 이슈에 대한 대답을 어떻게 프레임할지

종종 의사소통 시 진정한 메시지는 침묵 가운데 있다.

결정하는 중일 수 있다. 혹은 상대방이 말하기를 두려워하는 것일 수도 있다. 종종 의사소통 시 진정한 메시지는 침묵 가운데 있다.

역자 주: 회의 시 부하들이 질문도 없고 의견도 없다면 이는 부하들의 잘못이라기보다는 리더의 잘못인 경우가 많다. 리더가 자유롭게 의견을 제시하고 질문하는 분위기를 형성하지 못했기 때문이다. 이 경우, 침묵을 깰 수 있도록 토론자나 질문자를 지정하는 것도 고려할 만한 방법이다.

| 진실 43 |

디지털
주의분산물을
조심하라

오늘날 직장은 주의를 분산시킬 디지털 기기(디지털 주의분산물)들이 넘쳐난다. 이에 대해 한 임원은 다음과 같이 이야기했다. "요즘 사람들은 직장에서 문자메시지를 보내고, 이메일을 보내고, 아이패드를 이용해 페이스북을 업데이트하고, 유튜브로 비디오를 보고, 온라인 쇼핑을 하고, 앵그리버드 게임을 하고, 그 밖에 또 다른 온라인 애플리케이션을 갖고 노느라 바빠 도통 일할 시간이 없다."

오래된 만화책의 한 구절을 인용하자면, "우리는 적을 만났고, 그 적은 바로 우리였다". 우리는 정보통신 기술에 중독되어 가고 있는데, 이 중독이 (일 중독과는 다르게) 반드시 직무 성과를 향상시키는 방향으로 진행되는 것은 아니다. 원래는 직장 내 의사소통을 향상시킬 목적으로 제작되었거나 직장 밖에서 사용해야 할 디지털 기기들이 최근에는 경영자들의 악몽이 되어가고 있다. 어떤 관리자는 이를 빗대어 "요즘 사람들은 아이폰을 10분마다 확인해야 하는데, 도대체 언제 일할 시간이 있는지 모

204

르겠다."라고 한다.

작업 방해란 '직원들이 업무를 수행하는 과정 중에 방해나 지연을 일으키는 사건이나 물건'으로 정의된다. 이 정의에 따르면 전화통화, 문자메시지, 예고 없는 회의, 동료들의 잡담 등 작업 방해를 일으키는 요소가 매우 광범위하지만, 여기에서는 디지털 주의분산물에 대해 이야기하고자 한다. 관리자와 근로자 모두 직장에서 이러한 작업 방해물을 물리치려고 노력해왔다. 하지만 현재 컴퓨터, 스마트폰, 아이패드, 그리고 인터넷은 업무의 일부분이 되었고 많은 사람의 삶에 필수불가결한 요소가 되었다. 따라서 디지털 주의분산물도 근로자의 생산성에 이전보다 더 큰 위협이 되고 있다.

직장에서 디지털 주의분산물이 미치는 긍정적인 효과도 있을까? 놀랍게도 몇몇 전문가들은 긍정적인 측면이 있다고 생각한다. 특히 지식 근로자들의 경우, 디지털 주의분산물을 통해 정신적 휴식을 취할 수 있고, 이를 통해 더욱 맑은 정신 상태로 자신들의 업무에 복귀할 수 있으며, 정신적 집중력을 회복할 수 있고, 업무에서 자율성을 더 느낄 수 있다.

하지만 이러한 긍정적인 면에도 불구하고, 대부분의 연구 결과들은 부정적인 측면이 더 많다고 한다. 예를 들어, 한 연구에 따르면 53%의 근로자가 하루에 최소 1시간을 이러한 작업 방해물 때문에 낭비하고, 45%의 근로자는 매 15분마다 이러한 작업 방해물에 의해 방해를 받는다. 즉 기껏해야 최대 15분 정도만 자신의 업무에 집중할 수 있는 것이다. 다른 연구는 근로자들이 1시간에 30달러를 번다는 가정하에 이러한 작업 방해물이 근로자 1인당 연간 약 1만 375달러의 손해를 가져온다고 보고한다. 또 다른 연구에서는 미국에서 불필요한 작업 방해물로 인한 연간 피해액

이 6,500만 달러에 이른다고 보고한다. 그리고 이러한 수치는 매년 5%씩 증가할 것이라 예측된다. 물론 이러한 작업 방해물의 상당수는 불필요한 미팅, 전화통화와 같은 비디지털 주의분산물 때문이다. 하지만 나머지 상당수는 디지털 주의분산물 때문임이 분명하다. 최근의 한 연구에 의하면, 이러한 작업 방해물의 60%가 이메일, 개인적인 온라인 활동들(온라인 쇼핑 등), 이미지 전송, 문자메시지, 웹 검색과 같은 디지털 주의분산물 때문이라고 한다.

중독 관련 연구를 살펴보면, 디지털 주의분산물의 부정적 효과에 대해 더 잘 이해할 수 있다. 인간은 누구나 중독되는 경향이 있다. 한 연구에 의하면, 미국 인구의 약 47%가 어떤 종류의 중독으로 인한 비적응적 증상을 1년 이상 경험한다고 한다. 물론 이는 흡연 중독부터 포르노 중독까지 매우 다양한 중독 증상을 포함한다. 하지만 인터넷 중독은 어떠한가? 연구 결과에 따르면, 인터넷 중독자의 수는 도박 중독 혹은 흡연 중독 환자의 수보다 절대로 적지 않다고 한다. 인터넷 사용자의 약 10%가 인터넷 및 정보통신 기술에 의존적인 중독 증상을 보인다.

> 인터넷 사용자의 약 10%가 인터넷 및 정보통신 기술에 의존적인 중독 증상을 보인다.

이러한 결과에 비추어 볼 때, 인터넷 중독으로 고생하는 근로자가 소수라 하더라도 그냥 간과할 문제는 아니다. 와인 병뚜껑을 따는 것이 알코올 중독자에게 매우 강력한 방해물이 되듯이 인터넷 사용의 용이함 혹은 책상 위에 놓인 스마트폰이 많은 근로자에게는 매우 유혹적인 작업 방해물이 된다.

직장에서 이러한 디지털 주의분산물의 사용을 줄일 경영학적 묘안은 없는가? 지금까지 몇몇 방법들이 나왔지만 별로 효과는 없었다. 이는 인간은 대부분 주의가 쉽게 분산되는 경향이 있고, 인터넷, 이메일, 스마트폰은 중독성이 매우 강하기 때문이다.

　이상의 사실에 비추어 몇몇 제안을 하고자 한다. 관리자들은 컴퓨터, 스마트폰, 아이패드 등 디지털 주의분산물을 직장에서 개인적 용도로 사용하는 것과 관련한 분명하고 구체적인 정책을 수립해야 한다. 이 정책에는 디지털 주의분산물의 부정적 측면을 근로자들에게 가르치는 교육 프로그램도 포함해야 할 것이다. 예를 들어, 가장 적절한 이메일 확인 횟수는 1일 기준으로 4회라고 한다. 하지만 근로자들은 이메일을 이보다 더 자주 확인하는 것이 별로 소용없다는 것을 쉽게 인식하지 못한다. 그리고 근로자들의 인터넷 사용 기록을 추적하여, 어떤 남용 혹은 악용이 있는지를 주기적으로 파악하는 것이다(물론 이러한 내용을 사전에 근로자에게 공지해야 한다.-역자). 또한 회사 컴퓨터로 소셜 네트워크나 비업무적 웹사이트에 접근할 수 없도록 차단하는 것이다.

PART
05

팀 구축에
관한 진실

| 진실 44 |

팀제를
효과적으로
운영하는 방법

팀제는 이미 직무 활동을 구조화하는 데 필수적인 방법이 되었다. 하지만 관리자들이 효과적인 팀을 구축하려면 어떻게 해야 할까?

효과적인 팀을 구축하기 위한 주요 요소로는 일반적으로 다음 4가지를 들 수 있다.

> 팀제는 이미 직무 활동을 구조화하는 데 필수적인 방법이 되었다.

첫 번째 요소는 일의 설계이고, 두 번째 요소는 팀 구성이다. 세 번째 요소는 팀을 효과적으로 만드는 자원과 기타 맥락적 영향이고, 네 번째 요소는 팀의 효과성에 영향을 미치는 것으로 팀에서 돌아가는 일을 나타내는 프로세스 변수이다.

일의 설계

팀은 구성원들이 자유, 자율성, 서로 다른 스킬과 재능을 활용할 기회, 과업 혹은 프로젝트를 개별적 및 전체적으로 완수할 수 있는 능력을 가지고 있을 때 제대로 작동한다. 이는 구성원의 동기를 높이고 팀 효과성을 향상시킨다는 증거가 말해준다. 왜냐하면 이러한 요소들이 구성원의 책임감이나 주인의식을 높이고 일을 보다 흥미 있게 만들기 때문이다.

팀 구성

이 요소는 어떻게 팀 구성원을 충원해야 하는지와 관련된 변수들을 포함한다. 다시 말해, 이는 팀 구성원의 능력과 성격, 팀의 크기, 구성원의 유연성과 대체성, 팀워크에 대한 선호 등이다.

팀이 효과적으로 일을 성취해내기 위해서는 3가지 유형의 스킬이 필요하다. 첫째, 기술적 전문성을 가진 사람이 필요하다. 둘째, 문제를 규명하여 대안을 제시하고, 이러한 대안을 평가해 탁월한 선택을 할 수 있는 문제 해결 및 의사결정 스킬을 가진 사람이 필요하다. 셋째, 효과적인 청취, 피드백, 갈등 해결 및 기타 대인관계에 대한 스킬을 가진 사람이 필요하다. 이상의 3가지 스킬을 개발하지 못한다면 어떤 팀도 충분한 성과를 창출할 수 없다.

성격은 팀 행동에 유의미한 영향력을 미친다. 구체적으로 외향성, 호감성, 성실성 및 정서적 안정성에서 평균 이상의 점수를 받는 팀이 다른 팀보다 경영진으로부터 더 높은 성과 평가를 받는 경향이 있다.

가장 효과적인 팀은 4~5명 이상 12명 이하의 규모다. 4~5명 이하의 소규모는 관점의 다양성이 부족하고, 12명 이상의 대규모는 오히려 그 수만큼의 많은 일을 하는 데 어려움을 겪는다. 만약 조직에서 어떤 작업을 하는 팀의 인원이 12명 이상이라면 2개의 팀으로 나누는 것이 팀의 효과성을 높이는 방법이다.

유연한(여러 가지 일을 다 잘하는) 개인들로 구성된 팀에는 다른 사람의 과업을 대신 완수할 수 있는 구성원들이 많이 있다. 이것은 팀에 분명히 플

러스가 되는데, 그 이유는 이러한 대체성이 어떤 특정 구성원에 대한 의존을 덜어주고 결국 급변하는 상황에서 팀의 적응성을 제고하기 때문이다. 이러한 유연성을 보유한 구성원을 선발해서 여러 가지 일을 할 수 있도록 훈련시키면, 그 팀은 시간이 지남에 따라 더 높은 성과를 보일 것이 분명하다.

모든 팀 구성원이 팀 플레이어는 아니다. 혼자서 일하는 것을 선호하는 구성원이 다른 사람과 팀을 이루어 일하게 되면, 그 구성원의 사기는 저하될 것이다. 이러한 사실은 팀 구성원을 선발할 때 능력, 성격 및 스킬과 함께 개인적 선호가 고려되어야 함을 시사한다.

맥락

팀 성과와 가장 의미 있게 관련된 3가지 맥락적 요인은 적절한 자원의 존재, 효과적 리더십, 개별 구성원의 팀 기여도를 반영하는 성과 및 보상 시스템이다.

팀은 거대한 조직 시스템의 한 부분이다. 그렇기 때문에 모든 팀은 스스로의 유지와 존속을 위해 외부 자원에 의존해야 한다. 자원의 결핍은 그 팀이 많은 역할을 효과적으로 성취할 수 있는 능력을 감소시킨다. 팀 성과에 지원적인 자원은 시의적절한 정보, 장비, 적절한 구성원의 충원, 격려, 행정적 지원 등이 있다.

팀 구성원은 누가 무슨 일을 할지에 대한 업무 분담에 반드시 동의해야 하며, 업무량을 공정하게 나누어야 한 일과 관련한 세부 사항과 개인들의 스킬을 어떻게 적절히 통합해낼지에 대해 합의를 이끌어내는 데는 팀 리더십과 구조가 필요하다.

다. 또한 어떤 작업 일정으로 일할지, 어떤 스킬의 개발이 필요한지, 팀 내 갈등을 어떻게 해결할지, 그리고 마지막으로 의사결정을 어떻게 수정할지 결정해야 한다. 이러한 일과 관련한 세부 사항과 개인들의 스킬을 어떻게 적절히 통합해낼지에 대해 합의를 이끌어내는 데는 팀 리더십과 구조가 필요하다.

여러분은 팀 구성원이 개인적 혹은 함께 맡은 일에 대해 책임감을 갖게 하려면 어떻게 해야 할까? 전통적인 개인 지향의 평가 및 보상 시스템이 팀 성과를 반영하도록 수정해야 한다. 경영진은 개인적 기여도에 따라 개별 구성원을 평가하고 보상하는 것 외에도 집단(팀) 단위의 평가, 성과 배분, 이익 배분, 소규모 집단 인센티브 등 팀 성과나 몰입을 강화하는 방향으로 시스템 수정을 고려하여 시행해야 한다.

프로세스

팀 성과(효과)와 관련한 네 번째 요소는 프로세스 변수이다. 이 변수는 공동의 목표에 대한 구성원의 몰입, 구체적 팀 목표 수립, 관리 가능한 수준의 갈등 등을 포함한다.

효과적인 팀은 공동의 의미 있는 목표를 가지고 있으며, 이를 통해 구성원에게 일의 방향성, 활력 및 몰입을 제공한다. 성공적인 팀의 구성원들은 집단적 혹은 개인적으로 자신들과 관여되는 목표에 대해 토론하고, 그것을 구성하고 동의하는 데 많은 시간과 노력을 투자한다.

성공적인 팀은 구체적이고, 측정 가능하며, 도전적이지만 현실적으로 달성 가능한 목표를 설정한다. 이러한 목표는 팀이 달성하고자 하는 결과물에 대해 집중하도록 도와준다.

지나친 갈등은 팀 성과를 저해하지만, 팀 내 갈등이 항상 나쁜 것만은 아니다. 갈등이 전혀 없는 팀은 무감각해지며 정체되기 쉽기 때문이다. 적절한 수준의 갈등은 토론을 자극하고 문제와 선택 대안에 대한 비판적 평가를 유발하며, 더 향상된 의사결정을 유도하는 측면에서 팀 효과성을 높이는 데 기여한다.

2+2는 항상 4가 아니다

팀제 옹호자들은 많은 회사에서 팀제를 구축하는 이유 중 하나가 긍정적인 시너지를 창출하기 때문이라고 말한다. 어떤 팀의 생산성은 개별 구성원들이 혼자서 일한 합보다 크다. 왜냐하면 팀 정신이 개별 구성원들의 노력을 증가시키기 때문이다. 그래서 '2+2=5'도 될 수 있다. 하지만 팀은 종종 부정적인 시너지를 창출하기도 한다. 혼자서 일할 때보다 함께 일할 때 개인은 덜 노력하기도 한다. 그래서 '2+2=3'이 될 수도 있다. 이러한 부정적인 결과가 나타나는 이유는 무엇인가? 이것은 '사회적 태만'으로 불려진다.

> 팀은 종종 부정적인 시너지를 창출하기도 한다.

　1920년대 말, 독일의 심리학자 막스 링겔만Max Ringelmann은 줄다리기 과제에 대한 개인과 집단의 성과를 비교하는 연구를 했다. 그는 집단의 노력이 집단 내 개인의 노력의 합과 동일할 것이라고 기대했다. 예를 들어, 3명이 줄다리기를 하면 한 사람이 줄다리기를 할 때의 노력에 3배가 될 것이고, 8명이 줄을 당기면 한 사람이 줄다리기를 할 때의 노력에 8배가 된다는 것이다. 하지만 링겔만이 얻은 결과는 그의 기대와 달랐다. 3명으로 이루어진 집단의 힘은 평균적인 개인의 2.5배에 지나지 않았다. 8명이 줄을 당긴 결과도 개인의 4배에도 못 미쳤다. 링겔만의 연구를 모사한 다른 연구들도 이러한 결과를 전반적으로 지지하고 있다. 다시 말해, 집단 크기의 증가가 개인 단위의 성과에 역으로 관련되었다. 4명으로 이루어진 집단의 총 생산성이 1명 혹은 2명으로 이루어진 집단보다 크다는 점에서는 집단의 크기가

> 각 개인의 생산성은 집단 구성원의 수(집단 크기)가 증가함에 따라 줄어든다.

클수록 더 좋다. 하지만 각 개인의 생산성은 집단 구성원의 수(집단 크기)가 증가함에 따라 줄어든다는 점이 문제이다.

무엇이 이러한 사회적 태만을 야기하는가? 이것은 아마도 집단에서 다른 사람들이 맡은 바 역할을 제대로 하지 않는다는 구성원 간의 불신에서 기인한다. 다른 사람이 게으르거나 서투른 것을 보게 되면 여러분은 자신의 노력을 줄임으로써 형평성을 찾고자 할 것이다. 또 다른 이유는 책임의 분산 때문이다. 집단의 결과가 특정한 개인에게 기인될 수 없기 때문에 개인의 입력과 집단의 출력 사이의 관계는 매우 불분명하다. 이러한 상황에서 개인은 '무임승차자'가 되고 싶은 유혹을 받기 쉽고 집단의 노력에 편승하게 된다. 다시 말해, 자신들의 기여도가 정확히 측정될 수 없다고 생각하면 개인들은 노력을 줄이게 되고 결국 효율성 감소로 이어진다.

사회적 태만과 관련하여 주의할 점이 하나 있다. 이상의 논의에는 서양 편파가 있다는 점이다. 혼자일 때보다 집단에서 일할 때 성과를 낮추는 사회적 태만은 개인적 이익이 행동을 주로 지배하는 미국이나 캐나다와 같은 개별주의 문화와 일치한다. 하지만 자기가 속한 집단의 목표와 이익이 개인적 이익보다 더 중요시되는 집합주의 문화와는 일치하지 않는

다. 개별주의 문화권의 미국의 근로자와 집합주의 문화권의 중국과 이스라엘 근로자를 대상으로 수행된 비교문화 연구에 따르면, 사회적 태만은 미국인 근로자에게는 나타났으나 중국과 이스라엘 근로자에게는 그 반대였다. 즉, 집합주의 문화권 근로자들은 혼자일 때보다 집단에서 더 성과가 높아졌다.

이러한 사회적 태만이 팀제의 설계에 주는 시사점은 무엇인가? 여러분이 사기를 진작시키고 구성원 간에 협력을 증대시키고자 팀제를 사용한다면, 각 개인의 노력을 규명하고 측정할 수 있는 수단을 제공해야 한다. 그렇지 않는다면, 구성원들의 만족은 다소 증가할 수 있겠지만 생산성에서는 상당한 하락을 감수해야 할 것이다.

다양성이 높은 팀을 꾸려라

지난 반세기 동안 직장 내 다양성에 대한 관심이 급격히 증가했다. 오늘날 많은 조직은 다양성 목표(예를 들어, 다양한 소수 인종 근로자의 채용 비율 증진), 다양성을 증진시키기 위한 각종 방안, 다양성 교육 또는 훈련 등을 실행하고 있다. 이렇듯 다양성에 대한 관심의 증가는 미국의 인권 및 여성 해방 운동으로 그 뿌리를 거슬러 올라간다. 1960년대에 백인 남성이 중심이 되었던 조직들은 현재 성별, 인종, 국적이 다양한 조직들에 그 자리를 내주고 있다. 이러한 변화는 한 중요한 질문에 대한 답을 필요로 한다. 다양성이 높은 팀이 그렇지 않은 팀보다 더 효과적인가?

대부분의 팀 활동은 다양한 스킬과 지식을 요구한다. 이러한 필요를 감안하면, 서

> 대부분의 팀 활동은 다양한 스킬과 지식을 요구한다.

로 다른 개인들로 구성된 이질적인 팀이 보다 다양한 능력과 정보를 가지고 있을 것이 분명하고 따라서 더 효과적이어야 한다. 연구 결과는 이러한 결론을 대체적으로 지지하는데 다만, 여기에는 한 가지 전제 조건이 있다. 바로 그 팀이 수행하는 업무가 지적인 능력과 창의성을 요구할 때 그렇다

는 것이다.

 팀이 성격, 인종, 나이, 교육, 전문 분야, 경험에서 다양한 사람들로 구성되면 그 팀은 맡은 업무를 보다 효과적으로 수행하는 데 필요한 특성을 가지고 있을 확률이 높아진다. 물론, 동시에 그 팀은 갈등 요소가 더 많아지고 때로는 다양한 의견을 논의하고 수용하느라 일 처리 시간이 더 걸리기도 한다. 하지만 연구 결과에 따르면, 이질적인 팀이 동질적인 팀보다 더 효과적인 성과를 낸다. 즉, 다양성은 건강한 갈등을 유발하고, 그러한 갈등이 바로 창의성을 유발하며, 그 창의성이 향상된 의사결정으로 연결된다.

 하지만 인종이나 국적 차이와 같은 다양성도 팀 내에서 동일한 효과를 가질까? 연구 결과에 따르면, 이러한 다

> 연구 결과에 따르면, 팀 내 다양성은 단기적으로는 팀 과정에 방해가 될 수 있다.

양성 요소들은 단기적으로는 팀 과정에 방해가 될 수 있다. 문화적 다양성은 다양한 견해를 요구하는 업무에는 도움이 되지만, 문화적 다양성이 높은 팀에서는 구성원들 간의 업무 스타일을 알아가고 함께 문제를 해결하는 데 어려움을 겪을 수 있기 때문이다. 하지만 이러한 어려움은 보통 시간이 지나면서 사라진다. 새롭게 팀을 꾸린 두 팀이 있다고 가정할 때, 처음에는 두 팀 중 문화적 다양성이 낮은 팀이 문화적 다양성이 높은 팀보다 더 높은 성과를 낸다. 하지만 이러한 성과 차이는 대략 3개월이 지나면 사라진다는 것이다. 이는 문화적으로 다양성이 높은 팀이 서로 간의 차이를 극복하고 문제를 집합적으로 해결하는 방법을 배우는 데 그 정도의 시간이 들기 때문이다.

 그렇다면 다양성은 팀과 조직의 성과에 도움이 되는 것인가? 장기적인

관점에서 보자면, 대답은 '그렇다'이다. 최악의 경우에도 다양성이 높은 팀이 다양성이 낮은 팀보다 절대 성과가 떨어지지 않는다. 단기적으로 보자면, 여러분은 효율성과 효과성을 구분해야 한다. 다양성이 높은 팀은 서로 융화되는 데 더 시간이 걸리므로 덜 효율적이다. 하지만 다양성이 높은 팀이 창출하는 결과는 동질적인 팀이 창출하는 결과보다 더 품질이 높기 때문에 효과적이다.

따라서 경영학적 견지에서 보자면, 여러분은 의도적으로 다양한 사람들이 포함되도록 팀을 구성해야 할 것이다. 그 팀이 아마도 처음에는 일을 더디게 하더라도 나중에는 그 팀이 창출해낸 일과 의사결정이 고품격임을 알고 만족하게 될 것이다.

| 진실 47 |

지위의 중요성을
간과하지 마라

대부분

의 사람들은 이전 세대와는 달리 지위가 중요하지 않다고 생각한다. 우리는 조직을 보다 평등하게 만든 원동력으로 히피 운동, 동등 권리 법안, 최근의 소규모 창업 회사의 급속한 번창, 이메일이나 트위터와 같이 조직의 위계를 완화시키고 더욱 평등하게 만들려는 여러 시도들을 지적할 수 있다. 하지만 현실은 우리가 본질적으로 계급 기반의 사회에 여전히 살고 있다는 것이다.

> 우리는 본질적으로 계급 기반의 사회에 여전히 살고 있다.

조직을 보다 평등하게 만들려는 다양한 시도에도 불구하고, 우리는 계급이 없는 사회로 거의 진전하지 못했다. 소규모의 조직에서도 구성원들을 차별화하는 역할과 의식을 개발 중이다. 더욱이 우리는 신경제The New Economy 조직 또한 지위 차별화를 만들어내는 메커니즘에 적응하고 있는 것을 발견한다. 예를 들어, 이메일은 조직을 민주화할 수 있는 의사소통 수단으로 칭송받고 있다. 이것은 조직의

> 소규모의 조직에서도 구성원들을 차별화하는 역할과 의식을 개발 중이다.

위계 구조에서 자유롭게 의사소통을 하게 해주며, 정보차단자나 프로토콜에 의해 제지를 받지 않는다. 하지만 현재 지위 차별화가 이메일 프로세스에까지 침투해 있다. 직위를 사용하지 않고, 팀제를 시행하고 있으며, 민주적 의사결정 절차를 밟는다고 자랑하는 신경제 회사 3만여 곳의 이메일 메시지에 대한 분석은 아주 재미있는 직관을 제공한다. 이러한 회사에서조차 사람들은 사회적 차별화를 만들어내는 방법을 발견했다. 고위 직급의 구성원은 매우 짧고 딱딱한 메시지를 보내는 경향이 있었다. 이는 하위 직급의 구성원에 대한 접촉을 최소화하고, 자신의 권위에 따른 편리함을 은근히 드러내는 것이다. 반면에 중간 직급의 구성원은 단순한 질문에 대해 과도한 설명과 함께 다소 길고 논쟁적인 메시지를 전문용어와 함께 써 보낸다. 그리고 하위 직급의 구성원의 이메일에는 회송된 농담이나 웃는 얼굴의 이모티콘과 같이 일과 직접적으로 관련되지 않은 요소가 많다. 게다가 이 연구는 중견 관리자들은 회신이 늦고, 철자를 많이 틀리고, 심지어 문법이 잘 맞지 않는 엉성한 메일을 쓴다고 말한다. 더욱이 관리자들은 이보다 더 중요한 일이 많다는 것을 은연중에 이메일에 드러낸다.

지위는 인간의 행동을 이해하는 데 중요한 요소이다. 왜냐하면 이러한 지위가 일을 열심히 하게 하는 중요한 동기원이 되기도 하지만, 지위 불형평 지각은 많은 문제를 유발하기 때문이다. 멋진 호칭, 큰 사무실, 심지어 인상적인 명함이 구성원을 동기부여하는 데 아주 큰 가중치를 가질 수 있다. 반대로 지위 결핍은 사람들이 자신이 덜 중요하다고 느끼게 만들 수 있다. 지위 불형평은 좌절을 야기할 수 있으며, 심지어 구성원의 성과를 감소시키고 원치 않는 퇴직으로 이어질 수도 있다.

지위를 결정하는 기준은 문화에 따라 매우 다르다는 것을 명심해야 한다. 예를 들어, 중남미나 아시아에서 지위는 집안이나 (마치 벼슬과 같은) 조직에서 공식적으로 획득한 경우가 많다. 반대로 미국이나 호주에서의 지위는 호칭이나 가계보다는 그들이 성취한 성과에 의해 주로 생긴다. 여기서 전달하고자 하는 메시지는 다른 문화에서 온 사람들과 상호작용을 할 때, 상대방이 어떤 지위를 가지고 있는지 이해하라는 것이다. 일본에서는 사무실의 크기가 중역이라는 직위와 아무런 관련이 없다. 그리고 영국 사람들은 혈통이나 사회적 계급을 중요시하는데, 이를 간과한 미국인 관리자는 일본인 중역이나 영국인 고객을 부지불식중에 화나게 할 수 있으며, 결국 대인 간 효과성을 의심받을 수 있다.

팀제가 필요할 때와
필요하지 않을 때를
구분하라

팀워크

팀워크는 개별적인 작업보다 더 많은 시간과 자원을 요구한다. 예를 들어, 팀제는 보다 많은 의사소통을 요구하고, 관리해야 할 갈등 요소를 더욱 많이 포함하며, 또한 팀원 간 모임도 더 많이 요구한다. 즉, 팀제의 효용성이 팀제의 비용보다 항상 높은 것은 아니다. 하지만 어떤 관리자들은 팀제에 대한 지나친 기대 때문에 개별 근로자가 각각 일할 때 더 잘될 과업도 팀제를 통해서 해결하고자 하는 우를 범하기도 한다. 따라서 팀제를 실시하기에 앞서 여러분은 해당 과업이 구성원 간의 협력을 요하고, 협력해서 일하는 것이 더 도움이 될지를 면밀히 검토해야 한다. 또한 여러분들이 맡은 부서가 팀 플레이어들로 구성되어 있는지도 살펴봐야 한다.

> 팀제의 효용성이 팀제의 비용보다 항상 높은 것은 아니다.

여러분은 어떤 과업이 팀을 통해 실행할 때 더 효과적으로 완수할 수 있는지를 어떻게 알 수 있는가? 여러 연구에 따르면, 다음의 3가지를 꼼꼼히 살펴봄으로써 팀제가 해당 상황과 과제에 적합한지를 알 수 있다. 첫째, 그 과업을 1명 이상이 수행할 때 더 효과적으로 완수할 수 있는가? 이에 대한 대답은 그 과업이 얼마나 복잡한지 그리고 그 일을 더 잘하기 위해서 다양한 견해가 필요한지를 알려준다. 즉, 여러 사람의 다양한 의견이나 입력이 필요하지 않은 단순한 일이라면 팀제보다는 개별 근로자에게 그 일을 맡기는 것이 더 효과적이다. 둘째, 그 과업이 개별 구성원들의 목표의 단순 합산보다 더 큰 집합적 목적이나 목표를 창출해낼 수 있는가? 예를 들어, 많은 신생 자동차 판매점들은 고객 서비스 직원, 정비 기술자, 부품 전문가, 영업 직원 등을 포함하는 팀제를 실시하고 있다. 이러한 형태의 팀제는 고객의 요구를 보다 효과적으로 충족시키고자 하는 '집합적 책임감'이라는 목표를 창출해낸다. 마지막으로 팀제가 적절한지를 알아볼 수 있는 방법은 다름 아닌 과업 완수를 위해서 구성원들이 서로 상호의존적이 되어야 하는지를 검토하는 것이다. 만약 구성원들이 수행해야 할 여러 과제들 간에 상호의존성이 존재해서, 즉 팀(전체)의 성공이 여러 구성원들의 성공에 의존한다면, 팀제는 적절하다. 예를 들어, 축구는 분명히 팀 스포츠이다. 성공하기 위해서는 상호의존적인 여러 구성원들 간의 상당한 협력과 조정이 필요하다. 반대로, 수영 팀은 진정한 의미의 팀이 아니다. 수영 팀은 그저 개별 구성원의 집합이다. 그 팀의 전체 성과는 개별 구성원의 성과의 합이라고 보면 된다.

자, 이제 조직 내 사람들에게 관심을 돌려보자. 동시에 여러분이 속한 조직의 역사를 고려해보자.

당연한 이야기지만, 많은 사람은 팀 플레이어가 아니다. 그들은 혼자 일하며 자신의 개별적 성과에 대해서 인정받고 싶어 한다. 그리고 개별 구성원의 성과를 중요시하는 많은 기업이 존재한다. 그러한 기업들은 강한 구성원만이 생존하는 매우 경쟁적인 조직 환경을 가지고 있다. 마지막으로 이러한 '집합성' 측면에서 문화/국가 간 차이가 있다. 팀제는 보다 집합성이 강한 문화에 더욱 적절하다.

팀제를 실시하고자 할 때 가장 강력한 저항 요인은 개별 구성원들의 저항이다. 이는 팀제를 실시하게 되면, 성공이 더 이상 개인의 성과에 따라 정의되고 평가되지 않기 때문이다. 팀원으로서 성과를 내려면, 다른 팀원들과 자유롭고 솔직하게 의사소통할 수 있어야만 한다. 또한 다른 구성원과의 차이 때문에 발생할 수 있는 갈등을 효과적으로 해소해야 한다. 마지막으로 자기 자신의 목표보다 팀의 목표를 우선시해야 한다. 여러분은 많은 근로자에게 이러한 요구 조건들이 매우 힘들거나 혹은 불가능한 것일 수도 있음을 인식해야 한다.

어떤 경우에 팀 플레이어를 만들어내는 것이 더욱 힘들까? 첫째, 해당 국가의 문화가 매우 집합성이 낮아 개별적이라면 그렇다. 둘째, 팀제를 도입하려는 회사가 과거 오랫동안 개별 구성원의 성과를 중요시하는 경쟁적 문화를 가지고 있었다면 더욱 그렇다. 예를 들어, AT&T, 포드Ford, 모토로라Motorola 및 다른 미국 기반의 기업들이 이러한 경우이다. 이러한 기업들은 과거에 스타 직원들을 채용하고 그들에게 많은 보상을 주어 성공했었다. 따라서 기업의 문화가 매우 경쟁적이며, 개별 성과를 강조하고 이를 중심으로 보상했다. 이러한 기업에 종사하는 직원들은 팀워크 중심의 팀제에 매우 당혹해할 것이다. 반대로, 팀제는 일본이나 멕시코와 같이 집단 가치가 중요한 문화에서나 팀제를 처음으로 실시하고자 하는 신생 기업에서 보다 수월하게 도입할 수 있고 보다 효과적으로 활용할 수 있을 것이다.

> 팀제는 집합성이 강한 문화에서 더욱 적절하다.

PART

06

갈등관리에
관한 진실

진실 49

갈등이
순기능적일
수도 있다

효과적 인 팀 구축에 관한 논의에서 우리는 갈등이 항상 나쁜 것은 아니라고 이야기했었다. 연구에 의하면, 3가지 종류의 갈등이 있다. 그것은 과업, 관계, 프로세스에 관한 것이다. 과업 갈등은 일의 내용과 목표에 관한 것이다. 관계 갈등은 대인 간의 관계와 관련된다. 마지막으로 프로세스 갈등은 일이 행해지는 방법과 관련된다. 여러 연구 증거에 따르면, 관계 갈등은 집단이건 조직이건 간에 거의 항상 역기능적이지만, 낮은 수준의 프로세스 및 과업 갈등은 순기능적이다. 많은 사람이 갈등을 긍정적인 관점으로 잘 보지 못하기 때문에 여기에서는 갈등의 건설적인 측면을 지지하는 근거를 제시하고자 한다.

갈등은 의사결정의 질을 높이고, 창의성과 혁신을 고무하고, 집단 구성원 간의 흥미와 호기심을 고무하고, 문제가 표출되고 갈등이 해소될 채널을 향상시키고, 마지막으로 자기 평가와 변화의 환경을 조성하는 측면에서 보면 매우 건설적이다. 갈등은 중요한 의사결정을 할 때, 특히 소수의 의견이나 혹은 일반적이지 않은 측면을 부각시켜 우리가 고려해야 할 모든 점을 염두에 두게 한다는 점에서 의사결정의 질을 향상시키는 힘이 있다. 갈등은 취약한 전제, 관련된 대안이나 다른 단점에 대한 불충분한 고려로 인해 고무줄 같은 결정을 내리기 쉬운 집단에는 해독제와 같다. 갈등은 현재 상태에 도전하고, 새로운 아이디어의 창출을 심화시키고, 집단 목표나 활동에 대해 재평가하게 해주고, 변화에 대한 대응력을 높여준다.

순기능적 갈등이 없어 오히려 시련을 겪는 한 회사를 예로 들자면, 제너럴 모터스GM; General Motors를 꼽을 수 있겠다. 지난 수십 년간 GM이 가진 대부분의 문제들 -1970년경부터 시작해 2009년에 발생한 파산, 그리고 2014년에 있었던 점화 스위치 문제들- 은 순기능적 갈등이 없었다는 점에 기인할 수 있다. GM은 회사의 조치에 전혀 문제를 제기하지 않는 '예스맨'만 채용하고 또 그들을 승진시켰다. 대부분의 관리자들이 미 중부에서 자란 앵글로색슨 계열의 백인 남성으로 매우 보수적이며 변화를 싫어한다. 그들은 새로운 도전을 위해 미래를 바라보기보다는 과거의 성공을 되돌아보기를 선호했다. 또한 그들 대부분은 과거에 성공적이었던 것이 미래에도 성공적일 것이라고 확신했다. 더욱이 많은 임원을 디트로이트에 있는 회사의 본부에 근무시키고 회사 내부 혹은 계열 회사의 사람들과만 어울리게 함으로써, GM은 관리자들이 갈등의 소지가 있는 견해와 부딪히게 되는 것을 막았다.

수많은 연구에서 갈등이 생산성과 긍정적인 상관이 있을 수 있다는 것을 보여준다. 예를 들어, 구성원 간에 완전한 합의가 있을 때보다 오히려 갈등이 존재할 때 집단의 성과가 증가한다는 연구 결과가 많다. 연구자들은 구성원들이 내린 의사결정의 질을 관찰하여, 고高갈등 집단에서 내린 결정이 저低갈등 집단에서 내린 결정보다 평균적으로 73%의 성과 향상을 보인다는 것을 발견했다. 다른 연구도 이와 유사한 결과를 얻었는데, 다양한 흥미를 가진 구성원들의 집단이 동질적인 흥미를 가진 집단보다 다양한 문제에 대해서 더 높은 수준의 해결책을 제시하는 것을 발견했다.

진실 46에서 논의했듯이, 여러 연구 결과들이 집단 및 조직 구성원 사이의 다양성이 창의성을 증가시키고, 의사결정의 질을 높이고, 구성원의 유연성을 향상시켜 변화를 촉진한다는 것을 증명하고 있다. 연구자들은 모두 앵글로 계통의 사람들로만 구성된 집단과 아시아인, 히스패닉, 아프리카 계통의 사람들로 구성된 집단을 비교했다. 다양한 인종으로 구성된 집단이 효과적이고 실행 가능한 아이디어를 보다 많이 제시했으며 훨씬 더 독창적이었다. 이와 유사하게 시스템 분석가들이나 연구·개발 분야의 과학자들에 대한 연구도 갈등의 건설적 가치를 지지한다. 시스템 분석가들에 대한 연구는 비동질적인 집단이 보다 생산적이라는 것을 발견했다. 연구·개발 분야의 과학자들의 경우에도 지적인 갈등이 어느 정도 있을 때 보다 성과가 높다는 것을 보여주었다.

역자 주: 연구자들은 직장 내 갈등을 과업 갈등(팀의 목표에 대한 다른 의견), 프로세스 갈등(팀의 목표를 성취하는 방법에 대한 다른 의견), 관계 갈등(인간관계 측면의 갈등)으로 구분한다. 팀 성과를 위해서 과업 갈등과 프로세스 갈등은 어느 정도 필요하다. 따라서 훌륭한 관리자는 집단사고를 막고자 이러한 갈등을 어느 정도 발생시키기도 한다. 반면 과도한 수준의 갈등과 관계 갈등은 팀 성과에 도움이 되지 않으므로 제거하도록 노력해야 한다.

집단사고를
경계하라

만약 여러분이 나와 같다면, 어떤 미팅이나 집단에서 자신의 목소리를 내고 싶었지만, 그러지 않았을 때가 많았을 것이다. 왜 여러분은 자신의 목소리를 내지 않았는가? 우리가 말하고 싶은 것이 그 집단의 지배적인 견해와 맞지 않다면, 우리는 집단사고의 희생자가 될 수 있다. 집단사고는 합의에 대한 추구가 지나쳐 다소 어긋나는 견해도 전혀 고려/수용되지 못하는, 다시 말해 구성원들이 합의 추구에 너무 집착할 때 발생하는 현상이다. 집단사고는 '집단 압력으로 인해 구성원의 정신적 능력과 현실 검증력을 현저히 감소시키는 현상'을 말한다.

우리는 모두 집단사고 현상의 다음과 같은 증후를 경험한 적이 있다.

1. 집단 구성원은 집단의 전제에 반하는 저항이 있다면, 그것을 합리화한다. 얼마나 강력한 증거가 그들의 전제를 위협하든 간에 구성원들은 원래의 전제를 강화하는 방향으로 계속해서 행동한다.

2. 집단 구성원은 집단이 공유한 견해에 잠시라도 의심을 표출하거나 대다수의 사람들이 선호하는 대안의 타당도를 의문시하는 사람에게 집단 압력을 집중시킨다.

3. 집단적으로 합의된 사안에 대해 의심이나 상이한 견해를 가진 구성원들이 그냥 침묵하거나 혹은 자신의 의심을 억압함으로써 집단적으로 합의된 사안에서 일탈하지 않으려고 노력하게 된다.

4. 만장일치의 환상이 존재한다. 구성원이 자신의 목소리를 내지 않는다면, 그것은 집단의 대다수 견해에 동의하는 것을 의미한다. 다시 말해 기권은 '찬성' 표로 간주된다.

> 집단사고 시 구성원이 자신의 목소리를 내지 않는다면, 그것은 집단의 대다수 견해에 동의하는 것을 의미한다(물론 침묵하는 것이 항상 동의를 의미하는 것은 아니다).

역사적으로 중요한 미국의 외교 정책 의사결정 과정에 관한 연구에 의하면, 정부의 외교 정책이 실패할 때 -예를 들어 1941년 진주만 공습에 대한 무방비, 피그만 침공 실패, 베트남 전쟁 시 몰입 상승 현상(계속된 개입과 실패)- 집단사고의 증후가 만연해 있었다고 한다. 보다 최근의 사례로는 NASA의 챌린저 우주선의 폭발 참사 등이 있었다.

집단사고가 모든 집단을 공격하는가? 아니다. 집단사고는 분명한 집단 정체성이 존재하고, 집단 구성원들이 자신이 속한 집단에 대해 보호하고 싶은 긍정적인 이미지를 가지고 있고, 이러한 긍정적인 이미지에 대한 과도한 위협이 집단 내에 존재할 때 주로 발생한다. 그래서 집단사고는 집단이 반대자를 억압하는 메커니즘이기보다는 집단이 자신의 긍정적인 이미지를 보호하기 위한 수단이다. 예를 들어, 챌린저호의 폭파는 NASA가 '엘리트 집단은 잘못된 일을 할 수 없다'는 그들의 이미지를 확증하고자 하다가 야기한 집단사고의 불행한 결과물이다.

관리자로서 여러분은 집단 사고를 최소화하기 위해 무엇을 할 수 있는가? 먼저 집단 리더로서 공평무사한 역할을 행하는 것이다. 리더는 모든 구성원으로부터의 입력(의견 등)을 적극적으로 구해야 하고, 회의 등을 통해 의사를 밝힐 때 자신의 의견을 먼저 표현하는 것을 피해야 한다. 그리고 집단 구성원 중 1명을 사전에 지명해 그로 하여금 반대자의 역할을 하게 하는 것이다. 그 반대자의 역할은 다수의 의견에 공개적으로 도전하며 지배적인 견해와 상충한 의견을 내는 것이다. 또 다른 제안은 집단에 위협을 가하지 않으면서 다양한 대안에 대한 적극적 토론을 유도하는 연습을 하는 것이다. 예를 들면, 집단 구성원이 의사결정과 관련한 위험과 리스크에 대해서는 자유롭게 이야기하지만, 그 의사결정의 잠재적 이익에 대해서는 일단 보류해두는 것이다. 모든 구성원으로 하여금 의사결정 중인 대안의 부정적인 측면에 대해서도 의무적으로 말하게 함으로써, 그 집단은 다양한 견해를 듣게 되어 객관적인 평가를 통해 이익을 얻을 수 있게 된다.

집단사고는 해당 집단의 긍정적인 이미지를 보호하기 위한 수단이다 (물론 잘못된 수단이다).

역자 주: 집단사고를 감소시키기 위한 단순하지만 효과적인 전략은 다음과 같다. 당신이 관리자라면, 회의할 때 가장 적게 말하고 가급적 후반에 말하려고 해야 한다. 이와 반대인 경우, 부하들은 관리자의 의견에 반대하기 싫어서 설사 반대 의견이 있더라도 이를 표현하지 않게 된다.

일과 가정 간의 갈등을 감소시키는 방법

1960년대

와 1970년대의 전형적인 근로자들은 월요일부터 금요일까지 출근해 보통 하루에 8시간에서 9시간씩 근무했다. 일과 근무 시간이 분명했다. 하지만 이러한 것들이 오늘날에는 더 이상 적용되지 않는다. 오늘날의 근로자들은 근무와 근무 외 시간의 구분이 불분명해서 개인적 갈등과 스트레스에 대한 불평이 이전보다 훨씬 많다.

많은 요소들이 근로자의 직장 생활과 개인 생활의 구분을 불분명하게 하는 데 기여했다. 첫째, 다국적 기업의 생성은 세상은 잠들지 않는다는 것을 의미한다. 예를 들어, 어느 때든 어느 날이건 수천 명의 다임러 크라이슬러DaimlerChrysler 종업원은 어디에선가 일하고 있다. 이는 외국에 있는 동료나 고객과 접촉해야 할 필요가 있는 다국적 기업의 근로자들을 24시간 통화 대기 상태로 만든다. 둘째, 통신 기술의 발달은 근로자들로 하여금 집, 차 안, 그리고 심지어 타히티의 해변에서도 근무가 가능하게 해주었다. 통신 기술의 발달로 기술직 및 전문직의 근로자들은 어느 때든 어느 곳에서건 근무가 가능하다. 셋째, 많은 조직과 종업원들이 더 오랫동안 근무하기를 원한다. 예를 들어, 1977년과 1997년 사이에 평균 근로 주는

43주에서 47주로 증가했고, 주당 50시간 이상 근무하는 종업원의 비율은 24%에서 27%로 증가했다. 넷째, 한 가정에서 1명만 생계에 종사하는 가정이 점점 줄어들고 있다. 오늘날 기혼 근로자의 대부분은 맞벌이 부부이다. 1980년대에는 자녀가 있는 기혼 여성의 절반 정도가 직장에서 일했었다. 현재는 그 수치가 약 70%에 달한다. 이러한 추세에 따라 기혼 근로자들이 가정, 배우자, 부모 및 친구에 신경 쓸 시간은 점점 줄어들게 되었다.

근로자들은 직장이 자신의 개인적 생활을 점점 더 옥죄어 오고 있다고 느끼며, 직장 생활에 대해 행복해하지 않는다. 최근의 연구에 따르면,

근로자들은 직장이 자신의 개인적 생활을 점점 더 옥죄어 오고 있다고 느끼며, 직장 생활에 대해 행복해하지 않는다.

근로자들은 근무 시간에 유연성을 부여해주고 일과 가정 간의 갈등을 잘 관리할 수 있는 직장(일)을 원한다고 한다. 게다가 현재 근로자를 대체할 세대들도 이러한 성향을 보이고 있다. 대다수 대학생들은 개인적 생활과 직장 간의 균형을 갖는 것이 자신들이 추구하는 목표라고 이야기한다. 그들은 일과 '삶'을 원한다. 자신들의 부하가 일과 가정 간의 균형을 갖도록 도와주지 않는 관리자들은 훌륭한 인재를 확보하고 유지하는 데 더욱 어려움을 겪게 될 것이다.

그렇다면 관리자로서 여러분이 일과 가정 간의 갈등을 겪고 있는 부하들을 돕기 위해 무엇을 할 수 있는가? 대답은 다음과 같다.

자신들의 부하가 일과 가정 간의 균형을 갖도록 도와주지 않는 관리자들은 훌륭한 인재를 확보하고 유지하는 데 더욱 어려움을 겪게 될 것이다.

종업원들에게 유연성과 선택권을 주어라. 많은 연구에서 유연한 근무 시간, 원격 통신, 유급 휴가를 활성화하고, 탁아소나 피트니스센터와 같은 시설을 직장에 설치하는 것이 도움이 된다고 제안한다. 하지만 이외에도 근로자들의 삶을 평안하게 해줄 다른 대안들이 있다. 그것은 직무 순환, 자녀들을 위한 여름 캠프, 노후 대책 서비스, 세탁 및 배달 서비스, 현장 차 수리, 배우자 취업 알선, 무료 세금 및 법률 상담 등과 같이 비교적 실행이 쉬운 것들이다.

많은 첨단 기업들이 근로자들의 일과 가정 간의 균형을 돕기 위해 다양하게 노력하고 있다. 예를 들어, 인텔은 본사 사무실까지 오기를 원치 않는 근로자들을 위해 샌프란시스코 만 부근에 위성 사무소를 개소했다. 시스코 시스템즈Cisco Systems는 1,000만 달러를 투입해 440명의 아이들을 돌볼 수 있는 탁아소를 마련했다. 마이크로소프트는 무료 장보기 서비스를 직원들에게 제공한다. 퀄컴Qualcomm은 직장 내 무료 피트니스센터를 제공한다. 그리고 구글Google은 직장 내 의사를 상주시키고 직원들이 첫 4주간 출산 휴가 시 500불까지 외식비를 제공한다.

역자 주: 국내 모 기업에서는 저녁 6시만 되면 사무실 전체를 소등한다고 한다. 강제 퇴근하도록 하는 방편이다. 하지만 이러한 제도 실행 후, 생산성은 오히려 증가했다고 한다. 가정이 화목해야 직장에서도 더 열심히 일할 수 있고 성공할 수 있다는 것은 상식처럼 들리지만, 국내의 수많은 기업은 이와 반대의 가치를 믿는 듯하다. 즉, 직장에서 남보다 열심히 일해야 성공하고 그래야 집안도 화목해진다고 생각하는 것이다. 정말 중요한 것은 직장과 집안에서 모두 행복할 수 있어야 한다는 것이다.

| 진실 52 |

협상의 관건이
승패만은 아니다

협상에서는 승패가 바로 관건인가? 그렇지 않다. 협상은 업무 목표의 설정부터 임금 인상 및 업무 부서 할당까지 다양한 이슈에 대해 상호 간 협의와 동의를 이끌어내는 데 매우 유용하고도 강력한 경영 도구이다. 하지만 협상 과정은 어느 한 편이 승리하는 것에 초점이 집중되어서는 안 된다. 협상의 초점은 쌍방이 상호 만족할 수 있는 해결책을 찾는 것에 집중되어야 한다. 따라서 한 편이 승리하고 다른 편이 패배하는 '승-패'보다는 서로 '승-승(윈-윈)'할 수 있는 방안을 찾아야 한다.

즉, 여러분과 상대방이 모두 승리했다고 느낄 수 있는 해결책을 추구해야지, 어느 한 편이 이기고 다른 한 편이 지는 제로섬^{Zero-sum}을 추구해서는 안 된다.

> 협상 시, 한 편이 승리하고 다른 편이 패배하는 '승-패'보다는 서로 '승-승(윈-윈)'할 수 있는 방안을 찾아라.

성공적인 협상은 사려 깊은 계획으로부터 시작된다. 상대방의 이해득실과 목표에 대해 최대한 많은 정보를 획득하라. 이 사람이 원하는 것 말고 진정으로 필요로 하는 것은 무엇인가? 여러분의 협상 상대방이 만족시켜야 할 이해관계자는 누구인가? 이 사람의 협상 전략은 무엇인가? 여러분의 상대방이 추구하는 목표치는 얼마인가? 이러한 목표치를 획득하는 데 얼마나 견고한가? 이 사람이 적절하다고 판단한 최소치는 얼마인가? 이러한 정보는 협상 중 상대방의 행동을 이해하고, 여러분의 제안에 상대방이 어떻게 반응할지, 그리고 상대방의 이해득실을 고려한 해결책을 어떻게 프레임할지를 결정하는 데 도움이 된다.

다음으로 여러분 자신의 협상 전략을 짜라. 여러분의 상황은 변동 가능성이 없는가? 그 이슈가 얼마나 중요한가? 그리고 가능한 빨리 해결책을 이끌어내어 협상을 종료하기 위해 상대방이 원하는 목표치와의 차이를 기꺼이 메워줄 용의가 있는가? 여러분에게 용납 가능한 최소의 결과는 무엇인가? 체스 고수처럼 여러분은 행동을 한 후 상대방이 어떤 행동을 취할지를 미리 예측해야 하고, 그다음에 그러한 상대방의 행동에 대해 어떤 반응을 보일지 미리 생각해두어야 한다.

실제 협상에서는 시작할 때 약간의 양보를 통해 긍정적인 협상 분위기를 만들어라. 연구에 따르면, 양보는 보통 그에 상응하는 양보로 돌아오고, 보다 쉽게 상호협의로 연결된다. 그리고 먼저 제안하는 것을 회피하지 마라. 이전의 많은 협상 팁에 따르면 먼저 원하는 것을 말하는 것은 도움이 되지 않는다. 하지만 먼저 제안을 하는 것은 여러분이 좋은 의도를 가지고 협상을 할 여지가 있다는 것을 보여주는 기회가 된다. 많은 경우, 먼저 제안을 하는 것이 그 반대의 경우보다 도움이 된다는 뜻이다.

협상을 할 때는 상대방의 성격을 판단하지 말고 협상 이슈에 대해서만 생각하라. 협상 상대방을 기분 나쁘게 하거나 공격하지 마라. 협상 과정에서 자신이 무시당한다는 생각이 들면, 자신의 자존심을 보호하는 방향으로 동기화되고 결국 실제 문제 해결에 집중하지 못하게 된다. 여러분이 동의하지 않는 것은 그 상대방이 아니라 그 상대방의 생각이나 입장일 뿐이다. 따라서 사람과 문제를 구분하고, 여러분과 그 상대방의 입장 차이를 개인적으로 생각하지 말아야 한다.

협상 시, 상대방의 성격을 판단하지 말고 협상 이슈에 대해서만 생각하라.

이성적으로 생각해야 하고 항상 협상의 목표를 잊어서는 안 된다. 감정적으로 폭발해서도 안 된다. 그리고 상대방이 격분하거나 흥분했다면 그것을 해소할 기회를 주어야 한다.

물론 여러분이 먼저 제안을 하는 것이 좋겠지만, 그렇지 않더라도 상대방의 제안을 최종안으로 생각하지 말고 그 차이를 좁혀갈 생각을 해라. 상대방이 처음 제안한 것에 너무 신경 쓸 필요는 없다. 대부분의 경우, 상대방이 처음 요구하는 제안은 다소 무리적이거나 이상적이기 마련이다.

그리고 윈-윈 해결책을 항상 잊지 말아야 한다. 윈-윈 해결책은 장기적인 관계 형성과 이후에 관계를 원만하게 하는 데 도움이 된다. 예를 들어, 여러분에게는 큰 손실이 되지 않지만 상대방에게는 큰 가치가 될 수 있는 양보거리를 찾아라. 그러한 양보거리를 상대방의 이익을 극대화하는 방향으로 잘 프레임하여 서로가 모두 승리했다고 느낄 수 있는 해결책을 찾아보라.

성과 평가에
관한 진실

| 진실 53 |

제대로 된
성과 평가가
중요하다

한 통계에 따르면, 90% 이상의 성과 평가가 비효과적인 것으로 여겨진다. 그리고 40%의 근로자들은 성과 평가를 받은 적이 없다고 이야기한다. 성과 평가는 시급한 변화가 간절히 요구되는 경영 활동임이 분명하다.

수년 전, 홀리데이 인Holiday Inn은 '최고의 놀라움은 놀라움이 없는 것이다'라는 슬로건을 내걸고 광고 캠페인을 실시했다. 그 슬로건은 성과 평가와 관련하여 관리자들에게 좋은 조언이 될 수 있다.

성과 평가를 즐기는 관리자는 거의 없을 것이다. 왜냐하면 최소한 다음 3가지 이유가 이와 관련되어 있기 때문이다.

첫째, 관리자들은 부하의 약점에 대해 직접적으로 논의하는 것을 불편해한다. 거의 모든 종업원이

> 관리자들은 부하의 약점에 대해 직접적으로 논의하는 것을 불편해한다.

어떤 분야에서는 향상이 있었다고 주장하기 때문에 대부분의 관리자들은 부정적인 피드백을 줄 때의 대면을 두려워한다. 사람이 아닌 컴퓨터에 부정적인 피드백을 줄 때조차도 이러한 사실이 적용된다. 빌 게이츠는 마이

크로소프트에서 사용자들에게 컴퓨터 사용 경험을 묻는 프로젝트를 한 적이 있다고 말했다. "현재 사용하는 컴퓨터의 성능을 해당 컴퓨터를 통해 원격으로 물었을 때, 사용자들의 반응은 매우 긍정적이었다. 하지만 우리가 다른 컴퓨터를 통해 그들이 지금까지 사용한 컴퓨터에 대해서 평가해 달라고 요청하자, 사용자들의 반응은 이전보다 더 비판적이 되었다. 사람들은 자신이 평가할 대상이 비록 컴퓨터라 할지라도 그 면전에서 비판하는 것을 꺼렸다."

둘째, 종업원들은 그들의 약점이 지적될 때 매우 방어적이 된다. 몇몇 종업원들은 이러한 피드백을 성과 향상의 기초로 여기며 건설적으로 수용하기보다는 그런 피드백을 준 관리자를 비판하거나 자신에게 가해진 비판을 다른 사람에게 전가함으로써 그러한 부정적인 평가에 도전한다. 예를 들어, 필라델피아Philadelphia에서 근무하는 151명의 관리자를 대상으로 한 연구 조사에 따르면, 98%의 관리자가 부정적인 평가 피드백을 주었을 때 종업원으로부터 분노와 같은 종류의 반응을 접했다고 한다.

셋째, 종업원들은 자신의 성과에 대해 부풀려진 자기 평가를 하고 있다. 통계적으로 모든 종업원의 절반은 평균 이하의 성과자이다. 하지만 증거에 의하면, 자신의 성과 수준에 대해 종업원이 추정한 평가의 평균은 약 상위 25%라고 한다. 그래서 관리자들이 좋은 뉴스를 전할 때조차도 종업원들은 그 뉴스를 충분히 좋게 지각하지 않는 것이다.

성과 피드백 관련 문제점에 대한 해결책은 2가지이다.

> 종업원들은 자신의 성과에 대해 부풀려진 자기 평가를 하고 있다.

첫째, 관리자들이 성과 피드백을 회피해서는 안 된다. 가능하다면 오히려 성과 피드백을 계속적으로 해주어야 한다. 부하에 대한 여러분의 평가를 아껴두었다가 성과 평가 시 갑자기 꺼내지 마라. 여러분은 항상 피드백을 해야 한다. 그렇게 하면 공식적인 평가 피드백 시 여러분의 종업원이 화들짝 놀라면서 그 결과를 받아들이지 않는 일은 없을 것이다. 공식적인 성과 평가는 해당 종업원이 1년 내내 들어온 피드백의 요약에 지나지 않을 것이기 때문이다. 지속적으로 업무에 대한 피드백을 주는 것은 Y세대들에게 특히 더욱 중요하다. 진실 35에서 언급했듯이, Y세대 근로자들은 상사로부터의 빈번한 피드백을 선호한다. 예를 들어, 언스트 앤 영Ernst &Young의 보고서에 따르면, 약 85%의 Y세대 근로자들은 상사로부터 솔직한 피드백을 자주 받기를 원한다고 답했다. 반면에 베이비부머 세대 근로자들은 절반 정도만 그렇다고 답했다.

둘째, 모든 관리자는 건설적인 피드백에 대해 교육을 받을 필요가 있다. 효과적인 성과 평가는 종업원들이 그 평가가 공정하고, 관리자가 진실되며, 그 분위기가 건설적이라고 지각할 때 가능하다. 이를 통해 종업원들이 자신의 성과에 대해 효과적인 성과 평가를 받게 되면 자신감을 얻기도 하고 향상이 필요한 영역에 대한 피드백을 받아 더욱 열심히 노력해야겠다는 결심을 하기도 한다.

| 진실 54 |

나를
탓하지 마라

여러분

은 사람들이 실패로 인한 비난을 얼마나 잘 외부로 돌리고, 성공에 대한 영광은 얼마나 빨리 취하는지 본 적이 있을 것이다. 이것은 우연히 일어나는 일이 아니다. 사실, 이것은 예측 가능한 일이다.

사람에 대한 우리의 지각은 책상, 기계 혹은 건물과 같은 사물에 대한 지각과는 매우 다르다. 왜냐하면 우리는 사물에 대해 추론하는 방식으로 사람의 행동에 대해 추론하지 않기 때문이다. 사물은 그저 자연의 법칙에 따르기 때문에 믿음, 동기, 혹은 의도와 같은 것을 가지지 않는다. 하지만 사람은 그러한 것을 가진다. 결과적으로 우리는 사람을 관찰할 때, 왜 그들이 그런 방식으로 행동하는지에 대해 설명을 시도하고자 한다. 따라서 어떤 사람의 행동에 대한 우리의 지각과 판단은 우리가 그 사람의 내적인 상태에 대해 가정하는 바에 의해서 상당히 영향을 받는다.

귀인 이론Attribution Theory에 따르면, 우리는 타인의 행동에 대해 어떤 의미를 부여하는지에 따라 그들을 다르게 평가한다.

> 우리는 타인의 행동에 대해 어떤 의미를 부여하는지에 따라 그들을 다르게 평가한다.

기본적으로 이 이론은 우리가 어떤 사람의 행동을 관찰할 때, 그 행동이 내적으로 혹은 외적으로 야기된 행동인지를 결정하고자 노력한다고 말한다. 하지만 이러한 결정은 3가지 요소, 즉 독특성, 합의성, 일관성에 의해 주로 영향을 받는다. 먼저 내적인 귀인과 외적인 귀인의 차이점을 명료화한 후에, 3가지 결정 요인에 대해 자세히 알아보자.

내적으로 야기된 행동은 그 사람의 개인적 통제하에 있다고 여겨지는 행동이다. 외적으로 야기된 행동은 외적인 원인에 의해 발생된 것으로 본다. 다시 말해, 그 사람은 어떠한 상황 때문에 그러한 행동을 할 수밖에 없었던 것이다. 만약 여러분의 부하 중 누군가 지각을 했다면 당신은 그 이유를 그가 밤늦게까지 파티를 즐기다가 늦잠을 잔 것으로 귀인할 수도 있다. 이것은 내적인 귀인이다. 하지만 여러분이 지각의 이유를 그 부하가 출근길에 이용하는 도로에서 발생한 대형 사고로 인한 지체로 귀인한다면 그것은 외적인 귀인이다.

첫째, 독특성은 어떤 개인이 다른 상황에서는 다른 행동을 보이는지와 관련된다. 오늘 지각한 그 부하가 동료들이 농땡이를 친다고 불평하는 그 사람인가? 우리가 알고자 하는 것은 이러한 행동이 여느 때와 다른 독특한 행동인지 확인하는 것이다. 만약 독특한 행동이라면, 관찰자는 이러한 행동에 대해 외적인 귀인을 할 것이다. 하지만 늘 있었던 행동이라면 관찰자는 이러한 행동에 대해 내적인 귀인을 할 것이다.

둘째, 만약 유사한 상황을 접한 모든 사람이 똑같이 반응했다면 우리는 그러한 행동이 합의성을 보인다고 말할 수 있다. 만약 지각한 부하와 같은 길로 같은 시간대에 출근하는 모든 사람이 지각했다면, 그 부하의 행동은 이러한 합의성을 충족한다. 귀인 이론의 관점에서 만약 합의성이 높다면 우리는 지각한 그 부하의 행동에 대해 외적인 귀인을 할 것이고, 만약 합의성이 낮다면(지각한 부하와 같은 길로 같은 시간대에 출근하는 다른 부하들이 정시에 출근했다면) 내적인 귀인을 할 것이다.

셋째, 관찰자는 어떤 사람이 보인 행동의 일관성을 살핀다. 그 사람은 시간이 지나도 그러한 방식으로 반응하는가? 직장에 10분 늦게 도착했더라도 이러한 지각이 일상적인 부하와 그렇지 않은 부하에 대해 상사는 똑같은 방식으로 그 이유를 추론하지 않는다. 다시 말해, 행동의 일관성이 높으면 높을수록(그러한 지각이 일상적인 경우라면), 관찰자는 부하의 행동에 대해 더욱 내적인 귀인을 하게 된다.

귀인 이론으로 우리가 발견한 더욱 흥미로운 사실은 귀인을 왜곡시키는 편파가 존재한다는 것이다. 예를 들어, 사람들은 자신의 성공은 능력이나 노력과 같은 내적인

> 사람들은 자신의 성공은 능력이나 노력과 같은 내적인 요소에 주로 귀인하는 반면, 자신의 실패는 운과 같은 외적인 요소에 주로 귀인하는 경향이 있다.

요소에 주로 귀인하는 반면, 자신의 실패는 운과 같은 외적인 요소에 주로 귀인하는 경향이 있다. 이러한 자기고양 편파는 성과에 대해 정직하고 정확한 피드백을 제공하는 데 장애가 된다. 성과 평가 시 종업원에게 주어지는 피드백은 그것이 긍정적인지 부정적인지에 따라 그 이유가 왜곡될 것이다. 많은 부하들이 긍정적인 피드백을 받으면 돌아서서 '내가 잘한 거지' 하며 스스로 자신의 어깨를 두드리는 반면, 평가가 부정적일 때는 그러한 비난을 돌릴 외적인 요소를 찾는다. 이러한 광경을 보고 놀라지 마라.

| 진실 55 |

편파적인
의사결정에서
벗어나라

인사고과

인사고과 과정은 상당 부분 의사결정과 관련된다. 잘 알려진 바와 같이 의사결정은 다양한 편파를 내포하고 있다. 여기에서 우리는 의사결정과 관련해 쉽게 범할 수 있는 몇 가지 편파에 대해 다시 한 번 경각심을 일깨우고, 이러한 편파를 감소시킬 수 있는 몇몇 조언을 제공하고자 한다.

> 의사결정은 다양한 편파를 내포하고 있다.

과신 편파

사람들에게 분명한 사실에 대해 질문을 하고, 그 질문에 대한 그들의 답이 얼마나 맞을지 확률을 물어보면, 사람들이 대체로 자신을 과신하는 경향이 있다는 걸 발견하게 된다. 많은 연구에 따르면, 사람들은 실제로 확신을 50%밖에 할 수 없을 때도 65%에서 70%의 확신이 있다고 대답한다고 한다. 그리고 100%의 확신이 있다고 말할 때조차도 실은 70%에서 85%만 정확하다.

인사고과를 할 때도 이러한 과신 편파 때문에 우리가 행한 인사고과에 대해 과신하는 경향이 생긴다. 그렇다면 이러한 과신을 줄이기 위해 우리는 무엇을 할 수 있는가? 먼저 우리 자신이 과신하는 경향이 있다는 것을 알아야 한다. 따라서 우리 자신의 생각을 반박할 증거를 열심히 찾아야 하고, 또한 우리의 평가가 틀릴지도 모르는 이유를 열심히 찾아야 한다. 이러한 증거나 이유가 없다면, 우리의 생각과 평가는 정확할 확률이 높아진다. 마지막으로, 타인에게 의견을 구함으로써 우리의 생각이 이러한 편파에 빠지지 않도록 해야 한다.

가용성 편파

우리는 의사결정이나 판단을 내릴 때 머릿속에 더욱 생생하게 떠오르는 쉽게 가용한 정보에 더 많은 가중치를 두는 경향이 있다. 격한 감정을 불러일으키는 사건들이나 보다 최근에 발생한 사건들이 보통 우리의 기억 속에 더욱 생생하다. 이러한 편파는 왜 관리자들이 인사고과를 할 때 근로자가 6개월 혹은 9개월 전에 했던 행동보다 그들이 최근에 보인 행동에 더 많은 가중치를 두는지 설명해준다.

이러한 편파를 감소시키기 위한 2가지 제안이 있다. 첫째, 여러분의 기억에 너무 의존하지 마라. 각 직원에 대해 일종의 기록 일지를 만들고, 그들의 직무 관련 행동을 기록하고, 이를 정기적으로 업데이트하라. 둘째, 직원들에 대해 가지고 있는 자료만을 너무 맹신하지 마라. 여러분은 의사결정과 판단 시 '내가 혹시 쉽게 기억나는 최근의 정보나 생생한 정보에 쓸데없이 더 영향을 많이 받는 것은 아닌가?'와 같은 질문을 항상 해야 한다.

선택적 지각 편파

어떤 사람이 확연하게 눈에 띄는 특징을 가지고 있다면 그 특징이 다른 사람들에게 지각될 확률은 매우 높아진다. 왜 그런가? 이는 우리가 주변의 모든 정보를 꼼꼼히 처리할 수 없기 때문이다. 즉, 우리는 자신이 지각한 정보만을 수용, 처리한다. 이러한 경향성 때문에 다른 근로자가 했더라면 상사의 눈에 띄지 않았을 행동이 바로 그 근로자가 했을 때는 상사의 눈에 쉽게 띄어 혼나게 되는 일이 발생하기도 한다. 우리는 주변의 모든 것을 관찰 수 없기 때문에, 선택적으로 주변 환경을 지각하게 된다. 이러한 경향성 덕분에 우리는 잘못된 판단을 할 가능성이 있음에도 불구하고, 주변 환경을 빨리 파악하게 된다.

우리는 이러한 선택적 지각 편파를 완전히 제거할 수는 없다. 어떤 상황에서든 우리 자신의 과거 경험, 태도, 그리고 여러 이해관계에서 자유로울 수 없기 때문이다. 하지만 우리가 완벽한 객관성은 없으며 진실과 아름다움은 모두 보는 사람에 따라 다르다는 사실을 인지할 때, 어떤 상황에 대한 사전 기대가 그 상황 이후의 해석을 좌우한다는 사실을 이해할 때, 그리고 동일한 상황을 보더라도 다른 기대를 가지고 있는 사람들의 지각은 매우 다르다는 것을 인식할 때, 우리의 선택적 지각 편파는 감소될 수 있다.

확증 편파

확증 편파는 선택적 지각의 특별한 한 종류라고 볼 수 있지만, 인사고과 시 아주 흔하게 범하는 문제점이다. 우리는 우리가 이미 선택한 사실을 다시 확증해주는 정보만을 찾고, 그와 상충하는 정보는 무시해버리는 경향이 있다. 우리가 가지고 있는 견해와 부합하는 정보는 액면 그대로 쉽게 받아들이지만, 우리의 견해에 도전이 되는 정보에 대해서는 매우 비판적이고 회의적이 된다. 인사고과 시, 관리자가 어떤 부하를 좋아하면 그 관리자는 그러한 믿음을 확증해주는 긍정적 정보만을 선택적으로 찾게 된다. 하지만 그 관리자가 어떤 부하를 싫어하면 그러한 믿음을 확증해주는 부정적 정보만을 선택적으로 찾게 된다.

우리는 우리가 이미 선택한 사실을 다시 확증해주는 정보만을 찾고, 그와 상충하는 정보는 무시해버리는 경향이 있다.

확증 편파를 극복하기는 매우 힘들다. 확실한 해결책 중 하나는 현재의 생각과 반대되는 정보도 열심히 찾아보는 것인데, 이것이 현실적으로 잘 실천되기는 무척 힘들다. 아마도 최선의 해결책은 우리가 가지고 있는 동기에 대해서 솔직해지는 것이다. 우리가 정말로 제대로 의사결정을 하고 싶은지 혹은 그저 우리가 보고 싶고 듣고 싶은 것만을 찾고 있는지 자문해보아야 한다. 또한 의도적이라도 우리의 생각이나 믿음과 반대되는 정보를 꾸준히 찾아봐야 한다. 이것은 우리가 듣고 싶지 않은 정보도 수용할 준비가 되어야 한다는 의미이다. 여러분은 가능하다면 습관적이 될 때까지 이러한 회의적 또는 비판적 태도를 연습해야 한다. 즉, 이러한 편파를 극복하려면 여러분 스스로 오랫동안 간직해온 믿음을 계속적으로 공격하고 도전하는 노력을 지속적으로 기울여야 한다.

진실 56

근로자의
비행 행동에
대처하는 방법

숀은 자신에 대해서 악랄하고 터무니없는 소문을 퍼뜨리는 동료 때문에 큰 좌절감을 느끼고 있다. 다나는 문제가 있을 때마다 그 좌절감을 자신과 다른 팀원들에게 고함을 치거나 비명을 지르면서 푸는 동료 때문에 매우 지쳐 있다. 그리고 타냐는 계속해서 그녀를 성희롱하는 상사 때문에 직장을 관두었다.

이러한 에피소드들의 공통점은 무엇인가? 바로 '조직의 규범을 위배하며 조직과 그 구성원들의 안녕을 저해하는 자발적 행동'으로 정의되는 직장 내 비행 행동Deviant Workplace Behavior에 노출된 근로자들의 이야기라는 점이다. 여러 연구에 따르면, 이러한 직장 내 비행 행동은 조직에서 그 심각성이 증대되고 있는 간과할 수 없는 문제점이다. 예를 들어, 최근에 더욱 많은 근로자가 자신의 동료나 상사의 무례함, 멸시에 대해서 보고하고 있다.

> 최근에 더욱 많은 근로자가 자신의 동료나 상사의 무례함, 멸시에 대해서 보고하고 있다.

이러한 비상식적인 타인의 행동에 노출된 근로자의 대략 절반 정도는 직장을 관둘 생각을 했고, 12%는 실제로 직장을 관두었다. 1,500명의 근로자를 대상으로 한 다른 연구에 따르면,

이러한 직장 내 비행 행동은 근로자들의 이직 의도를 증가시킬 뿐만 아니라 심리적 스트레스 및 신체적 질병 또한 증가시킨다.

직장 내 비행 행동은 일반적으로 4가지 유형으로 구분된다. 첫째, 직장의 장비 혹은 기구 등 재산에 손해를 입히거나 훔치는 자산 비행이다. 이러한 유형의 비행은 회사 기구 파손, 근무 시간 허위 보고, 절도 등을 포함한다. 둘째, 일과 관련된 양적 및 질적 기준을 위배하는 생산 비행이다. 이러한 유형의 비행은 정해진 시간보다 일찍 퇴근하기, 의도적인 태업, 회사의 자원을 낭비하는 것 등을 포함한다. 셋째, 조직에서 타인을 개인적으로나 정치적으로 위험에 빠뜨리는 정치 비행이다. 예를 들자면, 특정 개인에 대한 불공정한 편애, 타인에 대해서 험담을 하고 나쁜 소문을 퍼뜨리는 행동, 동료를 이유 없이 폄하하는 행동 등이 있다. 넷째, 타인에 대한 공격적이고 적대적인 행동을 지칭하는 인신공격이다. 이러한 유형의 비행은 성희롱, 언어폭력, 동료의 물건을 훔치는 행동 등을 포함한다.

이러한 행동들은 어느 유형이건 간에 그 부정적인 영향 때문에 팀과 조직의 성과를 저해한다. 그렇다면 이러한 직장 내 비행 행동을 일으키는 요인은 무엇이고, 관리자로서 이러한 행동을 제한하기 위해서 무엇을 할 수 있을까?

근로자들이 왜 비행 행동을 하는지, 그 원인에 대해서 많은 연구가 이미 이루어졌다. 여러 가지 요인이 있지만 그중 불공정성 지각, 경영진에 대한 신뢰 결핍, 회사 정책에 대한 불만족, 그리고 이러한 비행 행동을 오히려 지원하고 격려하는 잘못된 팀 규범이 비행 행동의 중요한 원인으로 지목되었다.

비행 행동을 경감시키는 가장 효과적인 해결책은 분명한 의사소통이다.

즉, 어떤 행동이 조직 내에서 용인되고 용인되지 않는지에 대해서 어떤 이견이 있을 수 없는 분명한 업무 기술서, 조직 방침, 조 비행 행동을 경감시키는 가장 효과적인 해결책은 분명한 의사소통이다.

직 규범, 관리자의 기대 사항 등이 비행 행동을 줄이는 가장 효과적인 방법 중 하나이다. 그리고 이러한 기준과 규범이 위배되었을 때, 여러분은 관리자로서 이를 교정하기 위해서 신속한 조치를 취해야 한다. 또한 공정하고 형평성 있는 인사 제도를 수립하고 실행해야 한다. 이러한 인사 제도는 급여, 인사고과, 승진 기준 등을 포함한다. 마지막으로, 여러분은 직원들이 믿고 따를 수 있는 윤리적 측면의 역할모델이 되어야 하고, 부하 직원들에게 신뢰로운 사람으로 인식되어야 한다.

이와 관련한 마지막 단상은 이렇다. 기술에 대한 사회 전반적 태도 변화로 인해서, 불과 10년 전만 해도 비행 행동으로 여겨졌을 행동이 최근에는 그렇게 인식되지 않고 용인되기도 한다. 구체적으로, 스마트폰과 같은 개인 통신 수단이 보편화되면서 이메일 확인이나 문자메시지에 답변하기와 같은 비생산적 행동에 사용하는 어느 정도의 시간이 현재는 용인되고 있는 추세이며, 근로자들도 이를 원한다. 결과적으로, 관리자인 여러분은 디지털 주의분산물에 대해서 얼마만큼 용인해주어야 하는지에 대해서 다시 한 번 생각해볼 필요가 있다. 이와 관련하여 관용 없는 엄격한 방침은 도움이 되기는커녕 오히려 근로자의 사기를 떨어뜨릴 것이다. 관리자로서 어떤 행동이 용인되고 용인되지 않는지, 그 기준선을 정하고 이를 분명하게 직원들에게 알리는 것이 바로 여러분의 몫이다.

역자 주: 채용 측면에서 보자면, 입사 후 비행 행동을 할 가능성이 높은 지원자를 사전에 걸러내는 것이 중요하다. 여러 연구에 따르면, 성실성, 호감성/원만성, 정서적 안정성이 비행 행동을 잘 예측하는 성격 변수로 여겨진다. 최근에는 이와 더불어, 나르시시즘, 마키아벨리즘, 사이코패스와 같은 성향도 비행 행동을 잘 예측하는 어두운 성격 변수로 보고되고 있다.

PART

08

변화관리에
관한 진실

대부분의 사람들은
변화에 저항한다

개인과 조직의 행동에 대한 연구를 통해 가장 잘 알려진 사실 중 하나는 조직과 그 조직의 구성원들이 변화에 저항한다는 것이다. 어떤 의미에서 이러한 저항은 긍정적이다. 이러한 특성이 인간 행동의 안정성과 예측 가능성을 제공한다. 만약 변화에 대해 아무런 저항도 없다면, 조직의 행동은 혼돈스러운 무작위성을 띨 것이다. 변화에 대한 저항은 조직에서 건전한 갈등의 소지가 될 수 있다. 예를 들어, 생산 라인의 재조직 혹은 변화에 대한 저항은 이러한 아이디어의 효용에 대해 건전한 논쟁을 불러올 수 있고 보다 나은 의사결정을 유도한다. 하지만 분명히 변화에 대한 저항에는 단점도 있다. 바로 새로운 적응과 진전을 방해한다는 것이다.

> 변화에 대한 저항은 새로운 적응과 진전을 방해한다.

변화에 대한 저항이 반드시 표준화된 방식으로 표출되는 것은 아니다. 저항은 명시적, 암시적, 즉각적일 수도 있고 혹은 지체될 수도 있다. 저항이 명시적이고 즉각적일 때는 경영진이 처리하기가 쉽다. 예를 들어, 어떤 변화가 시행된 뒤 구성원들이 이러한 변화에 대해 곧바로 불평의 목소리를 내고, 태업에 돌입하고, 파업에 들어가겠다고 위협할 수 있다. 관리자에게 가장 큰 도전은 암시적이고 지체된 저항을 관리하는 것이다. 암시적 저항은 매우 미묘하다. 이것은 조직에 대한 충성심 실종, 작업 동기의 결여, 실수의 증가, 결근의 증가 등으로 나타나기 때문에 경영진이 쉽게 인지하기가 힘들다. 유사하게 지체된 행동은 저항의 원천과 이에 대한 반응 사이의 인과관계를 매우 흐리게 한다. 어떤 변화는 그 변화가 시행될 당시에 최소한의 반응만을 유발시킨다. 그런 다음 몇 주, 몇 달, 혹은 몇 년이 지나서 이에 대한 저항이 표출되기도 한다. 또는 그 자체로는 어떠한 영향력도 없는 단일한 변화가 나중에 낙타의 등을 찌르는 지푸라기처럼 될 수 있다.

변화에 대한 저항은 개인이나 조직으로부터 나온다. 변화에 대한 저항을 유발하는 개인적 원천에 집중해보자. 이러한 것은 습관, 안정 욕구, 경제적 요소, 혹은 모르는 것에 대한 공포가 될 수 있다.

우리는 모두 습관을 가지고 있다. 인생은 충분히 복잡하다. 다시 말해, 우리가 매일 결정해야 하는 수백 가지 의사결정과 관련한 모든 대안을 다 고려할 필요는 없다. 이러한 복잡성에 용이하게 대처하기 위해 우리는 습관이나 이미 프로그램화된 반응에 의존한다. 하지만 변화에 대면하게 되면 익숙한 방법으로 반응하는 경향성이 저항의 원천이 된다. 안정에 대한 높은 욕구를 가진 사람들은 변화가 안정감에 위협을 가하기 때문에 변화에 저항한다. 개인적 저항의 또 다른 원천은 변화가 자신의 소득을 줄일 것이라는 염려이다. 이미 규정된 업무에 대한 변화는 특히 사람들이 새로운 업무를 잘 해낼 수 없을 것 같다고 염려할 때 경제적 공포를 유발할 수 있다. 만약 급여가 성과와 밀접히 연결되어 있다면 이러한 공포는 더욱 커질 것이다. 이 경우 변화가 자신이 잘 아는 사실을 애매모호하고 불확실하게 바꾸어 버리기 때문이다. 다시 말해, 잘 아는 익숙한 사실을 모르는 사실과 공포, 그 공포와 함께 나타나는 불안정과 바꿔야 하기 때문에 변화를 싫어하는 것이다.

조직은 본질적으로 보수적이다. 조직은 구조적 및 집단 관성과 구성원의 전문성, 파워 관계, 그리고 이미 정립된 자원 할당을 통해 변화에 적극적으로 저항한다.

조직은 안정성을 산출하는 구조적 메커니즘을 가지고 있다. 예를 들어, 채용 프로세스는 체계적으로 어떤 특정

> 조직은 안정성을 산출하는 구조적 메커니즘을 가지고 있다.

사람들을 선발해 들이고, 어떤 특정 사람들을 추려낸다. 훈련 및 사회화는 특정 역할에 대한 요구 사항과 필요 스킬을 강화한다. 또한 회사의 여러 공식적 프로세스가 직무 기술서, 규정들과 같이 구성원이 준수해야 할 지침을 제공한다. 어떤 조직에 채용되는 사람들은 규정과 프로세스에 적합하다고 판단되어 선택되는 것이다. 그런 다음 그들은 어떤 특정 방식으로 행동하도록 훈련받으며 강화된다. 어떤 조직이 변화에 직면했을 때, 이러한 구조적 관성은 안정성을 유지하려는 역균형 인자로서 작용한다. 그래서 어떤 개인이 자신의 행동을 변화시키고자 해도 집단의 규범이 그러한 변화에 제약을 가하기도 한다. 조직의 변화는 집단의 전문성을 위협할 수도 있다. 의사결정 권한의 재분배와 같은 변화는 오랫동안 조직에서 구축된 파워 관계를 위협할 수 있다. 조직에서 자원을 통제하는 기득권을 가진 집단도 변화를 위협으로 지각할 수 있다. 그들은 현재의 상태에 쉽게 만족

하기 때문이다. 현재의 자원 할당으로 인해 이익을 보는 사람들도 미래의 자원 할당에 영향을 줄 변화에 위협을 느낄 수 있다.

이러한 모든 사실이 관리자인 여러분에게 어떤 의미를 갖는가? 첫째, 변화의 시행은 대다수 관리자의 업무 중 중요한 부분이다. 둘째, 변화에 대한 저항이 여러 가지 형태를 띤다는 것을 인지해야 한다. 셋째, 이러한 저항을 효과적으로 관리하도록 준비되어 있어야 한다. 그러기 위해서 관리자는 변화를 수용하는 사람에게 보상을 제공하고, 변화가 필요한 이유에 대해 부하들과 의사소통을 충분히 해야 하며, 변화에 의해 영향을 받을 사람들을 사전에 규명하여 이러한 변화 관련 의사결정에 그들을 참여시켜야 한다.(다음 장에 이와 관련한 보다 자세한 논의가 제공되어 있다.)

| 진실 58 |

변화에 대한
저항을 줄이려면
참여를 활용하라

존 로즈John Rose가 로즈버드 베이커리&카페Rose Bud Bakery and Cafe를 개업한 지 1년이 되었을 때이다. 지난 12개월이란 짧은 기간 동안 사업(식당)은 날로 번창하여, 109평방미터의 사업장으로는 부족할 상황이 되었고, 결국 92평방미터 크기의 옆 가게를 추가 인수하기로 협상을 시작했다. 그즈음 존은 그의 사업상 친구들이 의아할 일을 했는데, 이야기는 이렇다.

존은 수요일 하루 식당 문을 닫고 영업을 하지는 않았지만 종업원 11명에게 급여를 지급하며 그들과 모임을 가졌다. 아침 8시부터 시작된 모임에서 존은 종업원들에게 여러 이야기를 했다. 먼저 사업장 공간 부족에 대한 문제점을 이야기했고, 그가 현재 생각하는 해결책은 옆 가게를 인수하는 것이라고 했다. 하지만 그런 다음 그는 다음과 같은 질문을 종업원들에게 개진했다. "여러분은 내가 아는 것만큼 이 사업에 대해 잘 알고 있습니다. 나는 오늘 하루 여러분과 여러 사안에 대해 논의하고 싶습니다. 예를 들어, 주방의 위치를 바꾸어야 한다면 어디가 가장 좋을까요? 새로운 공간을 어떻게 디자인해야 고객의 동선을 효율화할 수 있을까요? 계산대에 얼마나 많은 공간을 할애하고, 고객의 테이블 공간에 얼마나 많은 공간을 할애해야 할까요? 고객에게 새롭게 제공할 것(메뉴)은 뭐가 있을까요? 이 두 가게의 공간을 어떻게 통합해야 정상적인 영업에 지장이 가장 적을까요? 언제가 새로운 식당을 개업하기에 가장 적당한 시기일까요?"

존은 그의 예상대로 종업원들부터 매우 탁월한 피드백을 받았다. 종업원들을 대표하여 셰리가 그들의 생각을 전했다. "당신이 우리에게 의견을 구하고 있다는 사실에 매우 감격했고 감사하게 생각합니다. 우리는 이제 이 식당에 어떤 일이 벌어지고 있는지 확실히 알게 되었고, 그러한 모든 일에 100% 지지합니다."

참여는 노동 생산성, 동기부여, 직무 만족과 같은 요소에 어느 정도의 영향력을 갖는다. 하지만 무엇보다도 변화에 대한 저항과 싸우는 데 매우 강력한 힘을 갖는다. 사람들은 자신이 참여한 변화 관련 의사결정에 저항하기 힘들다. 따라서 변화를 시행하기 전에 주변 조건이 참여 방법을 이용하기에 적절한지 고려해야 한다. 그렇다면 어떤 조건이 필요한가? 참여하는 데 충분한 시간적 여유가 있어야 하

> 사람들은 자신이 참여한 변화 관련 의사결정에 저항하기 힘들다.

고, 종업원이 참여하게 될 의사결정의 이슈가 그들의 흥미를 유발할 수 있어야 하며, 참여에 필요한 지능, 지식, 의사소통 스킬과 같은 능력을 종업원이 보유하고 있어야 한다. 마지막으로 조직 문화가 구성원의 참여를 지지해야 한다. 마지막 조건과 관련하여 회사의 문화가 오랫동안 권위주의적인 의사결정에 의해 지배되었고 구성원의 의견을 무시해왔다면, 종업원들은 그러한 의사결정에 참여하고자 노력하지 않을 것이다. 이상의 조건이 존재할 때, 참여는 저항을 줄이고, 몰입과 헌신을 획득하고, 변화 관

련 의사결정의 질을 높일 것이다.

많은 회사에서 변화와 관련한 의사결정에 구성원을 참

참여는 저항을 줄이고, 몰입과 헌신을 획득하고, 변화 관련 의사결정의 질을 높일 것이다.

여시키기 위해 다양한 방법을 개발해왔다. 예를 들어, 제안 프로그램은 변화를 위한 좋은 아이디어를 제안하는 종업원을 인정해주고 그들에게 보상해준다. 품질혁신조는 일련의 종업원 집단에 해결이 시급한 문제 영역을 맡기고, 품질 관련 문제점을 논의하게 하며, 이러한 문제의 원인을 탐색하게 한다. 마지막으로는 경영진에게 해결책을 추천하게 해준다. 많은 회사에서는 변화를 시행하기 위해 구성한 임시조직에 종업원 대표를 포함시킨다. 그 예로 북미의 많은 회사가 중역 회의에 종업원 대표를 포함시키는 서유럽에서 유행하는 참여 방식을 도입하고 있다.

진실 59

창의적인 직원을
만들어라

오늘날의 직장은 창의성과 혁신을 매우 중요시한다. 증거를 들자면, 다양한 국가와 산업 분야에 속한 고위 임원들에게 "10점 척도로 보았을 때, 혁신이 여러분 회사의 성공에 얼마나 중요합니까?"라는 질문을 하자, 대부분 9점 혹은 10점이라고 답했다. 즉, 많은 고위 임원들이 혁신이 회사 성장의 가장 중요한 요인이라고 생각한다.

혁신은 새로운 아이디어를 상품이나 서비스, 작업 과정 등에 적용하고 이를 향상시키는 것이다. 그리고 모든 혁신은 창의성에 의해서 좌우된다. 여기에서는 창의성이 무엇인지, 어떤 사람이 창의적인 인재인지, 그리고 부하들을 더 창의적으로 만들기 위해서 관리자들이 무엇을 해야 하는지를 논의하고자 한다.

창의성은 새롭고 유용한 아이디어를 창출해내는 능력이다. 그리고 대부분의 직원들은 창의적 잠재력을 가지고 있다. 하지만 그러한 창의적 잠재력을 표면으로 이끌어내기 위해서는 우리가 빠지기 쉬운 일상의 틀을 깨야 하고 확산적으로 사고하는 방법을 배워야 한다.

> 창의성은 새롭고 유용한 아이디어를 창출해내는 능력이다.

다른 특성과 마찬가지로, 사람마다 타고난 창의성은 개인차가 있고, 탁월한 창의적 인재는 드물다. 461명의 남녀를 대상으로 창의성을 측정한 연구에 따르면, 단 1%의 사람들만 탁월한 창의성을 가지고 있었다. 하지만 10%는 매우 창의적이었고, 60%는 어느 정도 창의적이었다. 이러한 사실은 대부분의 사람들이 창의적 잠재력을 가지고 있다는 것을 시사한다.

우리가 직원을 채용하는 데 사용하는 여러 선발 기준 중 창의성과 관련된 것이 있을까? 물론 있다. 성격 요인 중 경험에 대한 개방성이 높은 사람들이 보다 더 창의적이다. 인지 능력(지능)이 높은 사람들도 보다 더 창의적이다. 그리고 창의적 사람들과 관련된 다른 특성들도 있다. 예를 들어, 독립심, 자신감, 위험 감수 성향, 내적 통제 소재, 애매함에 대한 관용성, 틀에 얽매이지 않는 성향, 좌절을 잘 견뎌내는 인내심 등이다.

창의적 근로자를 원한다면, 전문성의 중요성을 또한 간과해서는 안 된다. 전문성은 모든 창의적 산물의 근간이다. 창의적 잠재력은 개인들이 능력, 지식, 스킬, 자신이 속한 분야에서의 전문성을 가지고 있을 때 더욱 증대된다. 예를 들어, 컴퓨터 프로그램을 잘 모르는 사람이 소프트웨어 엔지니어만큼 창의적이 되기는 힘들다.

> 전문성은 모든 창의적 산물의 근간이다.

일단 직원을 채용하고 나면, 그들의 창의적 잠재력을 증진시키기 위해서 관리자로서 무엇을 해야 하는가? 이에 대한 대답은 바로 적절한 작업 환경을 제공해주는 것이다.

먼저 관리자로서 여러분은 종업원들이 내재적으로 동기부여 될 수 있는 직무를 할당해야 한다. 만약 자신의 직무가 재미있고, 즐겁고, 도전적이라면, 이 직무 자체가 그들의 창의적 잠재력을 증진시켜 줄 것이다. 다음으로 과도한 규정, 종업원의 재량권 제한, 다른 직원들과의 교류를 힘들게 하는 것과 같은 조직의 구조적 문제들이 직원들의 위험 감수 행동을 제한하게 해서는 안 된다. 엄격하고 과도한 규정과 절차는 직원들의 자율성을 저해하고 창의성을 떨어뜨리는 일등 공신이다. 마지막으로, 리더십의 역할을 간과해서는 안 된다. 관리자로서 여러분은 부하들을 격려하고, 정서적으로 지원해주고, 적절한 자원을 제공해주고, 팀을 투명하게 운영하고, 지속적인 훈련과 교육을 통해서 직원들을 고무하고 그들의 개발을 도와줌으로써 그들의 창의성을 자극하고 증대시킬 수 있다.

| 진실 60 |

종업원의 이직이
조직에 이득이
되기도 한다

자발적

이직에 대한 전통적 견해에 따르면, 이는 조직에 부정적인 영향을 미친다. 근로자가 조직을 떠나 그 빈자리를 다시 채워야 할 때, 조직은 직접적 및 간접적으로 손실을 보게 된다. 조직은 새로운 직원을 모집하고 채용하고 훈련시키는 데 많은 비용을 지불해야 한다. 또한 새로운 직원이 새롭게 맡은 직무를 알아가면서 실수도 하게 되고, 조직의 문화를 이해하고 제대로 일을 하게 될 때까지 전반적 업무 과정에 비효율성이 발생한다.

이러한 전통적 견해는 직관적으로 그럴 듯하게 들리지만, 이것은 실제로 과잉 일반화의 오류라고 봐야 한다. 연구 결과에 따르면, 낮은 수준의 이직은 어떤 조직이나 부서에서든 대체적으로 순기능적으로 작용한다.

왜 이직이 순기능적일 수 있는가? 3가지 이유를 여기서 말하고자 한다. 첫째, 이직이 저성과자를 퇴출시키는 역할을 할 수 있다. 회사에서 이직률을 과도하게 줄이고자 할 때, 실적이 낮은 직원을 식별하고 제거하는 노력을 하지 않아도 된다. 이렇게 저성과자가 제거되면 조직의 전반적 성과는 증가한다. 둘째, 이직은 승진 기회를 증가시킨다. 이직이 조직에 남아 있는 직원들에게는 승진으로 가는 새로운 사다리가 생기는 꼴이 된다. 셋째,

이직은 순기능적인 갈등을 증가시켜 직원들의 혁신성, 유연성, 적응성을 증가시킨다. 즉, 조직에 생긴 공백 혹은 조직에 새로 들어온 직원이 새로운 아이디어와 견해를 공급해준다. 또한 이직은 정체되고 고루한 팀이나 부서에는 자극제가 되기도 한다.

이직은 인건비를 낮추어 조직에 이득이 되기도 한다. 많은 직무의 경우, 통상 근속연수가 길어질수록 임금은 올라가지만 그에 상응하는 생산성의 증가가 반드시 뒤따르지는 않는다. 근로자들은 매년 임금 인상을 받지만 그들의 조직 내 기여도는 본질적으로 크게 변하지 않는다. 예를 들어, 동일한 직무를 수행하는 경우에도 15년 차 직원이 2년 차 직원보다 적게는 50%에서 많게는 100%까지 월급을 더 받기도 한다. 이러한 임금의 차이는 생산성의 차이라기보다 단순히 근속 기간의 차이 때문이다. 또한 근속연수에 따라서 월급이 올라가고, 직원들의 복리후생 비용도 증가하게 된다. 예를 들어, 신입 직원은 연간 2주 정도 휴가를 사용할 수 있지만, 조직 내 장기 근속한 직원은 연간 5주의 휴가를 사용할 수 있다.

> 이직은 인건 비용을 낮추어 조직에 이득이 되기도 한다.

모든 조직이 순기능적 이직을 유도하는 전략을 사용해야 하는가? 절대적으로 그렇다. 야후Yahoo, 코노코Conoco, 그리고 4대 대형 회계감사 법인들이 이런 전략을 사용한다. 이 회사들은 강제 랭킹을 사용하여 관리자와 전문직 직원들을 성과 기준으로 서열을 매기고 그들이 속한 사업부 내에서 하위 직원들을 해고한다. 이러한 전략은 저성과자들로 하여금 해고되기 전에 자발적으로 이직을 하도록 유도한다. 4대 대형 회계감사 법인은 이보다 좀 더 높은 10~12% 정도의 저성과자가 회사를 떠나도록 유도한다.

'자발적 이직이 이롭다'는 우리의 주장은 면밀히 말하면, 조건부 진실이다. 예를 들어, 어떤 조직이든 간에 매우 높은 이직률은 전혀 이롭지 않다. 자발적 이직이 이로우려면 이직률이 전반적으로 낮아야 한다. 특히 지식 근로자가 많은 조직에 더욱 이롭다. 예를 들어, 고도의 기술력을 요하는 회사에서는 새롭고 변혁적인 아이디어가 회사 성공의 근간이 된다. 만약 이런 회사에 이직이 거의 발생하지 않는다면, 그 조직은 정체되고 쉽게 도태될 것이 분명하다. 유사하게 마케팅, 연구, 제품 개발을 담당하는 부서도 직원의 신선한 아이디어가 그 부서의 성패를 좌우하기 때문에 낮은 수준의 자발적 이직률은 이득이 된다. 반대로 최저 임금을 받는 근로자를 주로 채용하는 조직이나 부서에서는 이직률이 설사 낮은 수준이라도 전혀 득이 되지 않는다.

결론을 말하자면, 관리자들은 자발적 이직을 최소화하려는 노력이 조직에 무조건 도움이 된다는 전통적인 생각을 버려야 한다. 많은 경우 이직은 순기능적일 수 있으며, 특히 떠나야 할 사람이 이직을 한다면 더욱 그렇다.

> 이직은 순기능적일 수 있으며, 특히 떠나야 할 사람이 이직을 한다면 더욱 그렇다.

진실 61

감량경영 시,
잔류자를
잊지 마라

지난 십수 년간, 많은 회사가 근로자 수를 줄이는 감량경영(해고 등)을 했다. 2014년 한 해에만 마이크로소프트, 머크Merck, 시스코, 볼보Volvo, 타임Time Inc. 등이 대규모 해고를 단행했다.

이러한 해고가 단행되었을 때, 우리의 관심은 자연스럽게 일자리를 잃고 떠나는 사람들에게 집중되었다. 우리는 그들이 우울, 불안, 혹은 이와 유사한 부정적인 감정으로 고생할 것이라고 생각했다. 해고를 단행한 회사들은 해고자들에게 전직 서비스, 심리 상담, 추가적 복리후생을 제공했다. 우리는 이와 관련해서 이러한 해고가 해고 당사자들에게 매우 큰 상처를 주었다는 사실을 격하시킬 의도는 없다. 하지만 관리자들은 이러한 감량경영이 잔류자(생존자)에게 미치는 영향을 자주 간과한다. 많은 연구에서 해고가 잔류하는 종업원들에게 심각한 영향을 미친다

> 관리자들은 감량경영이 잔류자(생존자)에게 미치는 영향을 자주 간과한다.

는 사실을 보여주고 있다. 그리고 이러한 영향을 간과한 관리자들은 심각한 성과 저하를 경험하게 될 것이다.

연구 결과에 의하면, 희생자와 잔류자 모두 좌절, 불안, 상실과 같은 부

정적인 정서를 경험한다. 해 고된 희생자들은 새로운 조 직에서 새로운 마음으로 다 시 시작한다. 반면에 잔류자 들은 그렇지 못하다. 그들은 잔류에 따른 증후군으로 고생한다. 이러한 증후군의 증상은 직무 불안정과 불공정 지각, 우울, 늘어난 일로 인한 스트레스, 그리고 충성과 헌신의 저하, 위험 감수 행동의 감소 및 동기 저하, 최소한의 업무 기준을 맞추고 그 이상은 아무것도 하기 싫어함, 충분한 정보를 받지 못했다는 부정적인 감정, 그리고 경영진에 대한 불신 등을 포함한다.

> 연구 결과에 의하면, 희생자와 잔류자 모두 좌절, 불안, 상실과 같은 부정적인 정서를 경험한다.

관리자들이 해고 잔류 증후군에 대처하기 위해 무엇을 할 수 있는가? 다음 4단계 접근법을 제안하겠다.

1단계. 프로세스를 올바르게 하라

아무리 잘 설계된 해고 프로세스도 해고 잔류 증후군을 완전히 치료할 수는 없지만, 올바른 해고 프로세스는 잔류자들이 해고 잔류 증후군의 수렁에 깊이 빠지는 것을 방지한다. 올바르게 설계된 해고 프로세스는 다음과 같은 특징을 포함한다.

분명하고 신속하게 해고를 단행한다. 해고 희생자에게 사전 통지를 한다. 솔직하게 해고 사실을 전하고, 굳이 필요 없는 믿을 수 없는 정보로 의사소통하지 않는다. 해고 결정을 공개적으로 공정성 있게 한다. 그리고 가능하다면 종업원들이 이러한 결정에 참여하게 한다.

2단계. 사람들이 억압된 감정을 해소하도록 애통해할 기회를 부여하라

아주 잘 처리된 해고라 할지라도 해고 후 잔류자들은 뭔가 잘못된 것이 있다고 느낀다. 일을 재개하기 전에 이러한 감정을 풀어야 한다. 다시 말해, 이들은 가족의 죽음 이후에 겪어야 하는 것과 같은 애통의 과정을 겪어야 한다. 집단 모임을 이용하는 것이 잔류자의 감정을 표출시키는 가장 효과적이고 효율적인 방법이다. 같이 일했던 사람들끼리의 화합이 상대적으로 가장 짧은 시간에 이러한 잔류자의 감정을 표출시켜 해소하는 데 도움이 될 수 있다.

3단계. 조직에 대한 의존의 연결고리를 깨라

이 단계는 잔류자가 이전에 가지고 있었던 자기 통제감이나 자긍심을 회복하도록 도와준다. 1단계와 2단계가 현재의 해고 잔류자 증상에 대한 반응적 단계였다면, 이 단계는 사람들을 조직에 대한 의존 상태에서 자기 주도적인 경력 관리 수준으로 변화시켜 해고 잔류 증후군을 예방한다. 오늘날의 직장은 근로자들이 다른 회사에서도 사용 가능한 스킬을 배양하고 회사에 대한 의존 상태에서 벗어나 독립성을 구축하기를 요구한다. 구성원의 충성심이 더 이상 조직을 향해서는 안 되고 자신의 경력을 향해야 한다. 이러한 의존 관계의 청산은 근본적으로 개인의 노력에 달려 있다.

4단계. 회사에 대한 개인의 의존성을 부추기는 프로세스를 축소하도록 조직의 시스템을 재정비하라

마지막 단계는 사람들이 해고 잔류 증후군에 대해 자신을 면역시키는 것이다. 조직은 역사적으로 회사와 구성원 간의 상호 의존성을 구축하는 데 다음과 같은 많은 노력을 해왔다. 승진과 보상을 위한 연공 시스템, 충성심 기대, 내부 승진, '바람직한 종업원'을 만들기 위한 장기적인 사회화 프로세스, 장기적 경력 개발, 그리고 다른 조직으로 전이될 수 없는 회사 연금 제도 등이다. 조직은 이처럼 회사에 대한 개인의 의존을 부추기는 가부장적 관행을 하루속히 청산해야 한다.

| 진실 62 |

미봉책을
경계하라

많은 관리자에게는 강박적으로 다이어트를 하는 사람과 흡사한 면이 있다. 그들은 최근의 유행에 따라 며칠 혹은 몇 달간 해보고 또 다른 유행을 좇아 끊임없이 움직인다. 안타까운 것은 그러한 유행이 다이어트 제품과 같다는 것이다. 이는 미봉책에 불과하다.

복잡한 경영 관련 문제에 즉각적인 해결책을 던져줄 준비가 된 컨설턴트, 경영개발 전문가, 비즈니스 전문 기자들은 넘쳐난다. 그들은 40여 년 이상 이러한 일을 해왔다. 이러한 '즉각적 만병통치약'은 1960년대에는 MBO를 포함해 계획예산제도PPBS; Planning, Programming, Budgeting System, Y이론, 감수성 훈련, 직무 확충, PERT, BCG 매트릭스 등이 있었다. 1970년대에는 중앙집권적인 전략적 계획, 매트릭스 조직 설계, 이사회에 의한 경영, 유연시간제, 그리고 제로베이스 예산수립 등이 있었다. 1980년대에는 내부 창업가, 품질혁신조, Z이론, 적시 재고관리 체계, 데밍Deming 박사의 14가지 원칙, 자율경영팀 등이 있었다. 그리고 1990년대에는 전략적 제휴, 핵심 역량, 전사적 품질관리TQM, 리엔지니어링, 대규모 커스터마이제이션Mass Customization, 벤치마킹, 카리스마 리더십, 비전 리더십, 정서 지능, 네트워크 조직, 학습 조직, 투명 경영, 자기관리 경력, 아웃소싱, 임파워먼트/권한부여, 24/7 업무 환경 등이 있었다. 새로운 세기가 몇 년 지나는 동안 우리는 일과 가정 간의 균형, 사회적 자본, 근로자의 열정, e리더십, 가상 조직, 고객 세분화, 지식 경영, 직업 영성, 파워 내핑Power Napping에 대해 이미 듣고 있다. 지난 몇 년간은 진실한 리더십, 책임감 있는 리더십, 디자인 사고, 빅 데이터, 그리고 소셜 미디어의 전략적 사용이 이러한 리스트에 추가되었다.

모든 사람과 마찬가지로 관리자도 이러한 유행에 민감하다.

> 모든 사람과 마찬가지로 관리자도 유행에 민감하다.

내가 여기서 전달하고자 하는 메시지는 관리자들이 이러한 유행을 경계해야 한다는 것이다. 소비자로서 신중해라.

최신의 경영 기법을 파는 사람들은 항상 있어 왔다. 그리고 불행하게도 이들은 자신의 기법이 어떤 특정한 상황에만 효과적이고 다른 상황에서는 비효과적이라는 것을 알면서도, 그 기법이 즉각적 해결책이라고 주장하는 경향이 있다. 심한 경우에 그들은 이러한 기법에서 곧바로 또 다른 기법을 사용하라고 관리자를 현혹하기도 한다.

어떤 한 임원이 좌절하여 나에게 이런 말을 한 적이 있다. "지난 수년간 우리는 총수익이 총수입보다 중요하며, 품질이 수익보다 중요하고, 고객이 우리 종업원보다 중요하고, 그리고 대고객이 소고객보다 중요하고, 성장이 성공보다 중요하다고 들어 왔습니다."

이러한 미봉책과 다이어트 서적이 갖는 공통점은 복잡한 문제에 대해 매우 보편적이고 단순한 해결책을 제시한다는 것이다. 이러한 미봉책은 어떤 상황적 관점에서 제안될 뿐이다. 그리고 항상 실수가 따른다. 각각의

미봉책은 나름대로의 효용을 갖고 있을 뿐이다. 이러한 기법은 연장통 속에 있는 연장과 같다. 목수가 해머로 모든 평범한 관리자를 탁월한 관리자로 만들어 회사를 변혁시킬 수 있는 단순한 아이디어는 존재하지 않는다. 문제를 해결할 수 없듯이 관리자도 모든 문제를 자율경영팀이나 전사 품질관리와 같은 기법을 통해 해결할 수 없다. 올바른 경영을 위한 지름길은 없다. 새로운 아이디어와 콘셉트는 여러분에게 도움을 줄 수 있는 연장일 뿐이다. 어떤 단일한 아이디어도 평범한 관리자를 탁월한 관리자로 만들어 회사를 변혁하게 해줄 수는 없다.

인간을 자유롭게 하는 것은

사람들이 별로 듣고 싶어 하지 않는 진실인 경우가 대부분이다.

허버트 에이거 Herbert Agar, 작가

이 책의 저자인 스티븐 로빈스 박사는 조직행동론과 경영학 분야의 전문
가이다. 특히 그가 저술한 『조직행동론』은 수백만 권이 넘게 팔린 베스트
셀러로, 한국을 비롯한 여러 나라에서 경영학 교재로 높은 인기를 누리고
있다. 이렇듯 명성을 쌓아온 저자가 현직 관리자나 관리자가 되기를 열망
하는 사람들을 대상으로 보다 쉽게 조직행동 및 인사 분야(즉, 사람관리 분
야)의 주요 연구들을 섭렵할 수 있도록 도와주는 이 책을 저술하여 세상에
선보였다. 이 책은 처음 출간된 2002년 이후, 미국을 비롯한 전 세계에 번
역되며 선풍적 인기를 누리고 있다. 이번 판은 2014년 12월에 발간된 4판
에 기초하고 있다.

이 책에서 소개하고 있는 사람관리에 관한 62가지 진실을 다 안다고 해
서, 인사와 관련한 문제로부터 완전히 자유로워지고 탁월한 성과를 창출
할 수 있는 것은 아니다. 하지만 이 책에서 소개하고 있는 62가지 진실조
차 제대로 이해하지 못한다면, 절대로 훌륭한 리더가 될 수 없다. 따라서
그저 상식이나 단편적 경험에 기초한 사람관리에 집착하지 말고, 일단 열

린 마음으로 이 책을 읽어주길 바란다.

　현직 관리자나 차세대 관리자들이 이 책을 책상 주변에 두고 시간이 날 때마다 숙독하길 바란다. 커피 한 잔을 마시면서 한두 장을 읽을 수도 있고, 전철 안에서 대여섯 장을 독파할 수도 있을 것이다. 물론, 주말 하루를 투자해서 이 책의 전체 장을 독파하는 것도 좋다. 다만, 틈틈이 읽더라도 눈으로만 읽지 말고, 진심으로 읽고 그 의미를 새겨주길 바란다. 사람관리의 성패는 획기적인 인사 시스템의 도입 여부가 아니라, 사람관리에 관한 관리자들의 사고와 행동 방식에 달려 있다. 따라서 관리자들이 이 책을 통해 사람관리에 관한 직관을 얻고, 이를 인사 시스템이나 매일매일의 대면 관계 속에서 실천한다면 멀지 않은 미래에 효과를 보게 될 것이다.

　하지만 이러한 진실은 관리자들의 귀에 잘 안 들어온다. 그래서 편견 없이 열린 마음으로 읽어야 한다. 어떤 내용은 아주 상식처럼 들릴 것이다. 하지만 이런 상식이 실천되지 않는 것이 현실이다. 또한 인사부서 담당자들은 자신의 업무 영역과 상관없이 이 책을 통해 이전에 알지 못했던 최신의 인사 관련 연구 결과물과 실제 사례를 접할 수 있을 것이며, 이를 통해 인사 시스템 개발에 유용한 직관을 얻을 수 있을 것이다. 만약 더욱 자세한 내용을 알기 원한다면, 이 책의 참고문헌란을 참조하길 바란다. 다시 말하자면, 이 책은 저자의 개인적 경험이나 의견에 근거한 것이 아니라 사람관리 분야의 믿을 만한 여러 중요한 연구 결과물에 근거한 것임을 밝혀 둔다. 즉, 이 책은 증거 기반의 사람관리를 지향한다. 경영 교육에 관해 고민하는 교육부서 담당자라면 이 책을 예비 경영자 과정 혹은 신임 관리자 과정 사전 교재로 충분히 활용할 수 있을 것이다. 마지막으로 경영학이나 산업·조직심리학을 전공하는 학생들에게는 채용, 교육, 성과 평가, 리더십, 동기부여, 의사소통, 팀워크, 변화관리 등 사람관리에 대한 다양한 주제를 짧은 시간 내에 조망하고 관련 내용을 정리할 수 있는 매우 유용한 교재가 될 수 있을 것이다.

이 책이 번역되어 세상에 나오기까지 많은 분의 도움이 있었다. 1판과 3판에 이어 이번 4판의 출간 기회를 주신 시그마북스 강학경 사장님과 멋진

책으로 꾸며주신 여러 직원분들에게 감사드린다. 역자들의 부모와 가족들, 은사님들, 동료들, 지도 학생들, 이전 판의 독자들에게도 고마움을 전한다. 또한 우리 모두에게 지혜를 주시는 그 한 분께 영광을 돌린다.

역자 일동

| 참고문헌 |

진실 01

The 1997 National Study of the Changing Workforce (New York: Families and Work Institute, 1997).

S. Caudron, "The Hard Case for Soft Skills," *Workforce*, July 1999, pp. 60-64.

S. Cline, "Soft Skills Make the Difference in the Workplace," *The Colorado Springs Business Journal*, April 1, 2005, p. 1.

C. Klein, R. E. DeRouin, and E. Salas, "Uncovering Workplace Interpersonal Skills: A Review, Framework, and Research Agenda," in G. P. Hodgkinson and J. K. Ford (eds.), *International Review of Industrial and Organizational Psychology*, vol. 21 (New York: Wiley, 2006), pp. 80-126.

"Most Wanted: 'People' People; Survey Shows Interpersonal Skills Can Trump Technical Knowledge in Job Search," *PR Newswire*, October 20, 2009.

"4 Out of 5 Employers Look for Interpersonal Skills, Confidence and Enthusiasm Over an Academic Degree or Business Acumen," *Accountancy Ireland*, October 2011, p. 86.

N. Shuayto, "Management Skills Desired by Business School Deans and Employers: An Empirical Investigation," *Business Education & Accreditation*, vol. 5, no. 2, 2013, pp. 93-105.

진실 02

M. London and M. D. Hakel, "Effects of Applicant Stereotypes, Order, and Information on Interview Impressions," *Journal of Applied Psychology*, April 1974, pp. 157-62.

T. M. Macan and R. L. Dipboye, "The Relationship of the Interviewers' Preinterview Impressions to Selection and Recruitment Outcomes," *Personnel Psychology*, Autumn 1990, pp. 745-69.

N. Ambady and R. Rosenthal, "Thin Slices of Expressive Behavior as Predictors of Interpersonal Consequences: A Meta-Analysis," *Psychological Bulletin*, March 1992, pp. 256-74.

T. W. Dougherty, D. B. Turban, and J. C. Callender, "Confirming First Impressions in the Employment Interview: A Field Study of Interviewer Behavior," *Journal of Applied*

Psychology, October 1994, pp. 659-65.

진실 03

W. Mischel, "The Interaction of Person and Situation," in D. Magnusson and N. S. Endler (eds.), *Personality at the Crossroads: Current Issues in Interactional Psychology* (Hillsdale, NJ: Earlbaum Associates, 1977), pp. 333-52.

A. Davis-Blake and J. Pfeffer, "Just a Mirage: The Search for Dispositional Effects in Organizational Research," *Academy of Management Review*, July 1989, pp. 385-400.

진실 04

M. J. Ree, J. A. Earles, and M. S. Teachout, "Predicting Job Performance: Not Much More Than g," *Journal of Applied Psychology*, August 1994, pp. 518-24.

F. L. Schmidt, "The Role of General Cognitive Ability in Job Performance: Why There Cannot Be a Debate," *Human Performance*, April 2002, pp. 187-211.

F. L. Schmidt, J. A. Shaffer, and I-S Oh, "Increased Accuracy for Range Restriction Corrections: Implications for the Role of Personality and General Mental Ability in Job and Training Performance," *Personnel Psychology*, Winter 2008, pp. 827-68.

F. L. Schmidt, "Select on Intelligence," in E. Locke (ed.), *Handbook of Principles of Organizational Behavior: Indispensable Knowledge for Evidence-Based Management*, 2nd ed. (Hoboken, NJ: Wiley, 2009), pp. 3-18.

E. Byington and W. Felps, "Why Do IQ Scores Predict Job Performance?: An Alternative, Sociological Explanation," in R. M. Kramer and B. M. Staw (eds.), *Research in Organizational Behavior*, vol. 30 (Oxford: Elsevier, 2010), pp. 175-202.

진실 05

J. F. Salgado, "The Five Factor Model of Personality and Job Performance in the European Community," *Journal of Applied Psychology*, February 1997, pp. 30-43.

P. H. Raymark, M. J. Schmit, and R. M. Guion, "Identifying Potentially Useful Personality Constructs for Employee Selection," *Personnel Psychology*, Autumn 1997, pp. 723-36.

G. M. Hurtz and J. J. Donovan, "Personality and Job Performance: The Big Five Revisited," *Journal of Applied Psychology*, December 2000, pp. 869-79.

J. Hogan and B. Holland, "Using Theory to Evaluate Personality and Job-Performance Relations: A Socioanalytic Perspective," *Journal of Applied Psychology*, February 2003, pp. 100-12.

M. R. Barrick and M. K. Mount, "Select on Conscientiousness and Emotional Stability," in E. A. Locke (ed.), *Handbook of Principles of Organizational Behavior*, 2nd ed. (Hoboken, NJ: Wiley, 2009), pp. 19-40.

H. Le, L. Oh, S. B. Robbins, R. Ilies, E. Holland, and P. Westrick, "Too Much of a Good Thing: Curvilinear Relationships Between Personality Traits and Job Performance," *Journal of Applied Psychology*, January 2011, pp. 113-33.

A. B. Bakker, E. Demerouti, and L. L. Brummelhuis, "Work Engagement, Performance, and Active Learning: The Role of Conscientiousness," *Journal of Vocational Behavior*, April 2012, pp. 555-64.

J. A. Shaffer and B. E. Postlethwaite, "The Validity of Conscientiousness for Predicting Job Performance: A Meta-Analytic Test of Two Hypotheses," *International Journal of Selection and Assessment*, June 2013, pp. 183-99.

진실 06

R. D. Arvey, B. P. McCall, T. J. Bouchard, Jr., and P. Taubman, "Genetic Influences on Job Satisfaction and Work Values," *Personality and Individual Differences*, July 1994, pp. 21-33.

D. Lykken and A. Tellegen, "Happiness Is a Stochastic Phenomenon," *Psychological Science*, May 1996, pp. 186-89.

R. Ilies, R. D. Arvey, and T. J. Bouchard, "Darwinism, Behavioral Genetics, and Organizational Behavior: A Review and Agenda for Future Research," *Journal of Organizational Behavior*, March 2006, pp. 121-41.

R. B. Nes, "Happiness in Behaviour Genetics: Findings and Implications," *Journal of Happiness Studies*, June 2010, pp. 369-81.

M. Murphy, *Hire for Attitude* (NY: McGraw, 2012).

진실 07

D. Goleman, *Emotional Intelligence* (New York: Bantam, 1995).

F. I. Greenstein, *The Presidential Difference* (Princeton, NJ: Princeton University Press, 2001).

E. H. O'Boyle, Jr., R. H. Humphrey, J. M. Pollack, T. H. Hawver, and P. A. Story, "The Relation Between Emotional Intelligence and Job Performance: A Meta-Analysis," *Journal of Organizational Behavior*, July 2011, pp. 788-818.

D. Chrobot-Mason and J. B. Leslie, "The Role of Multicultural Competence and Emotional Intelligence in Managing Diversity," *The Psychologist-Manager Journal*, October 2012, pp. 219-36.

Z. Shooshtarian, F. Ameli, and M. Aminilari, "The Effect of Labor's Emotional Intelligence on Their Job Satisfaction, Job Performance and Commitment," *Iranian Journal of Management Studies*, January 2013, pp. 29-45.

S. S. Batool, "Emotional Intelligence as a Determinant of Job Commitment and Job Performance: A Meditational Analysis," *The Business & Management Review online*, January 2014.

S. Cote, "Emotional Intelligence in Organizations," in F. P. Morgeson (ed.), *Annual Review of Organizational Psychology and Organizational Behavior*, vol. 1 (Palo Alto, CA: Annual Reviews, 2014), pp. 459-88.

진실 08

T. W. H. Ng and D. C. Feldman, "The Relationship of Age to Ten Dimensions of Job Performance," *Journal of Applied Psychology*, March 2008, pp. 392-423.

R. A. Posthuma and M. A. Campion, "Age Stereotypes in the Workplace: Common Stereotypes, Moderators, and Future Research Directions," *Journal of Management*, February 2009, pp. 155-88.

P. Brough, G. Johnson, S. Drummond, S. Pennisi, and C. Timms, "Comparison of Cognitive Ability and Job Attitudes of Older and Younger Workers," *Equality, Diversity and Inclusion: An International Journal*, vol. 30, no. 2, 2011, pp. 105-26

T. W. H. Ng and D. C. Feldman, "Evaluating Six Common Stereotypes About Older Workers with Meta-Analytical Data," *Personnel Psychology*, Winter 2012, pp. 821-58.

진실 09

T. J. Tracey and J. Rounds, "Evaluating Holland's and Gati's Vocational-Interest Models: A Structural Meta-Analysis," *Psychological Bulletin,* March 1993, pp. 229-46.

J. L. Holland, *Making Vocational Choices: A Theory of Vocational Personalities and Work Environments* (Odessa, FL: Psychological Assessment Resources, 1997).

F. De Fruyt and I. Mervielde, "RIASEC Types and Big Five Traits as Predictors of Employment Status and Nature of Employment," *Personnel Psychology*, Autumn 1999, pp. 701-27.

M. J. Miller, W. J. Scaggs, and D. Wells, "The Relevancy of Holland's Theory to a Nonprofessional Occupation," *Journal of Employment Counseling*, June 2006, pp. 62-69.

C. H. Van Iddekinge, D. J. Putka, and J. P. Campbell, "Reconsidering Vocational Interests for Personnel Selection: The Validity of an Interest-Based Selection Test in Relation to Job Knowledge, Job Performance, and Continuance Intentions," *Journal of Applied Psychology,*

January 2011, pp. 13-33.

C. H. Van Iddekinge, P. L. Roth, D. J. Putka, and S. E. Lanivich, "Are You Interested? A Meta-Analysis of Relations Between Vocational Interests and Employee Performance and Turnover," *Journal of Applied Psychology*, November 2011, pp. 1167-94.

B. Wille and F. De Fruyt, "Vocations as a Source of Identity: Reciprocal Relations Between Big Five Personality Traits and RIASEC Characteristics Over 15 Years," *Journal of Applied Psychology*, March 2014, pp. 262-81.

진실 10

C. A. O'Reilly III, J. Chatman, and D. F. Caldwell, "People and Organizational Culture: A Profile Comparison Approach to Assessing Person-Organization Fit," *Academy of Management Journal*, September 1991, pp. 487-516.

B. Schneider, H. W. Goldstein, and D. B. Smith, "The ASA Framework: An Update," *Personnel Psychology*, Winter 1995, pp. 747-73.

M. L. Verquer, T. A. Beehr, and S. E. Wagner, "A Meta-Analysis of Relations Between Person-Organization Fit and Work Attitudes," *Journal of Vocational Behavior*, June 2003, pp. 473-89.

B. J. Hoffman and D. J. Woehr, "A Quantitative Review of the Relationship Between Person-Organization Fit and Behavioral Outcomes," *Journal of Vocational Behavior*, June 2006, pp. 389-99.

R. De Cooman, S. De Gieter, R. Pepermans, and S. Hermans, "Person-Organization Fit: Testing Socialization and Attraction-Selection-Attrition Hypotheses," *Journal of Vocational Behavior*, February 2009, pp. 102-07.

Sutarjo, "Ten Ways of Managing Person-Organization Fit (P-O Fit) Effectively: A Literature Study," *International Journal of Business and Social Science*, November 2011, pp. 226-33.

A. Davis, "The Perfect Match: Data Analytics Offers Companies a Better Way to Recruit Employees and Identify Those Who Are Most Likely to Stay. But Are Employers Embracing It?" *Employee Benefit News*, July 1, 2012, pp. 20-22.

진실 11

D. W. Organ, *Organizational Citizenship Behavior: The Good Soldier Syndrome* (Lexington, MA: Lexington Books, 1988).

M. A. Konovsky and D. W. Organ, "Dispositional and Contextual Determinants of Organizational Citizenship Behavior," *Journal of Organizational Behavior*, May 1996, pp. 253-66.

B. J. Hoffman, C. A. Blair, J. P. Maeriac, and D. J. Woehr, "Expanding the Criterion Domain? A Quantitative Review of the OCB Literature," *Journal of Applied Psychology*, March 2007, pp. 555-66.

N. P. Podsakoff, S. W. Whiting, P. M. Podsakoff, and B. D. Blume, "Individual- and Organizational- Level Consequences of Organizational Citizenship Behaviors: A Meta-Analysis," *Journal of Applied Psychology*, January 2009, pp. 122-41.

R. S. Rubin, E. C. Dierdorff, and D. G. Bachrach, "Boundaries of Citizenship Behavior: Curvilinearity and Context in the Citizenship and Task Performance Relationship," *Personnel Psychology*, Summer 2013, pp. 377-406.

진실 12

J. A. Breaugh, "Realistic Job Previews: A Critical Appraisal and Future Research Directions," *Academy of Management Review*, October 1983, pp. 612-19.

J. M. Phillips, "Effects of Realistic Job Previews on Multiple Organizational Outcomes: A Meta-Analysis," *Academy of Management Journal*, December 1998, pp. 673-90.

R. Buda and B. H. Charnov, "Message Processing in Realistic Recruitment Practices," *Journal of Managerial Issues*, Fall 2003, pp. 302-16.

D. R. Earnest, D. G. Allen, and R. S. Landis, "Mechanisms Linking Realistic Job Previews with Turnover: A Meta-Analytic Path Analysis," *Personnel Psychology*, Winter 2011, pp. 865-97.

M. A. Tucker, "Show and Tell," *HR Magazine*, January 2012, pp. 51-53.

L. Weber, "At Work," *Wall Street Journal*, December 12, 2012, p. B6.

진실 13

J. Van Maanen, "People Processing: Strategies of Organizational Socialization," *Organizational Dynamics*, Summer 1978, pp. 19-36.

J. D. Kammeyer-Mueller and C. R. Wanberg, "Unwrapping the Organizational Entry Process: Disentangling Multiple Antecedents and Their Pathways to Adjustment," *Journal of Applied Psychology*, October 2003, pp. 779-94.

T-Y Kim, D. M. Cable, and S-P Kim, "Socialization Tactics, Employee Proactivity, and Person-Organization Fit," *Journal of Applied Psychology*, March 2005, pp. 232-41.

E. P. Antonacopoulou and W. H. Guttel, "Staff Induction Practices and Organizational Socialization: A Review and Extension of the Debate," *Society and Business Review*, vol. 5, no. 1, 2010, pp. 22-47.

A. M. Saks and J. A. Gruman, "Getting Newcomers Engaged: The Role of Socialization Tactics," *Journal of Managerial Psychology*, vol. 26, no. 5, 2011, pp. 383-402.

진실 14

V. H. Vroom, *Work and Motivation* (New York: John Wiley, 1964).

L. Reinharth and M. A. Wahba, "Expectancy Theory as a Predictor of Work Motivation, Effort Expenditure, and Job Performance," *Academy of Management Journal*, September 1975, pp. 502-37.

W. Van Eerde and H. Thierry, "Vroom's Expectancy Models and Work-Related Criteria: A Meta-Analysis," *Journal of Applied Psychology*, October 1996, pp. 575-86.

진실 15

E. A. Locke and G. P. Latham, *A Theory of Goal Setting and Task Performance* (Upper Saddle River, NJ: Prentice Hall, 1990).

J. C. Wofford, V. L. Goodwin, and S. Premack, "Meta-Analysis of the Antecedents of Personal Goal Level and of the Antecedents and Consequences of Goal Commitment," *Journal of Management*, vol. 18, no. 3, 1992, pp. 595-615.

E. A. Locke, "Motivation Through Conscious Goal Setting," *Applied and Preventive Psychology*, vol. 5, 1996, pp. 117-24.

E. A. Locke and G. P. Latham, "Building a Practically Useful Theory of Goal Setting and Task Motivation," *American Psychologist*, September 2002, pp. 705-17.

E. A. Locke and G. P. Latham, "New Directions in Goal-Setting Theory," *Current Directions in Psychological Science*, vol. 15, no. 5, 2006, pp. 265-68.

E. A. Locke and G. P. Latham, "Has Goal Setting Gone Wild, or Have Its Attackers Abandoned Good Scholarship?" *Academy of Management Perspectives*, February 2009, pp. 17-23.

A. Kleingeld, H. van Mierlo, and L. Arends, "The Effect of Goal Setting on Group Performance: A Meta-Analysis," *Journal of Applied Psychology*, November 2011, pp. 1289-304.

진실 16

M. Csikszentmihalyi, *Flow: The Psychology of Optimal Experience* (New York: HarperCollins, 1990).

M. Csikszentmihalyi, *Finding Flow* (New York: Basic Books, 1997).

M. Csikszentmihalyi, S. Abuhamdeh, and J. Nakamura, "Flow," in A. J. Elliot and C. S. Dweck (eds.), *Handbook of Competence and Motivation* (New York: Guilford Publications, 2005), pp. 598-608.

N. Baumann and D. Scheffer, "Seeking Flow in the Achievement Domain: The Achievement Flow Motive Behind Flow Experience," *Motivation and Emotion*, September 2011, pp. 267-84.

M. Kawabata and C. J. Mallett, "Flow Experience in Physical Activity: Examination of the Internal Structure of Flow from a Process-Related Perspective," *Motivation and Emotion*, December 2011, pp. 393-402.

진실 17

J. P. Wanous, "Individual Differences and Reactions to Job Characteristics," *Journal of Applied Psychology*, October 1974, pp. 616-22.

H. P. Sims and A. D. Szilagyi, "Job Characteristic Relationships: Individual and Structural Moderators," *Organizational Behavior and Human Performance*, June 1976, pp. 211-30.

S. J. Behson, E. R. Eddy, and S. J. Lorenzet, "The Importance of the Critical Psychological States in the Job Characteristics Model: A Meta-Analytic and Structural Equations Modeling Examination," *Current Research in Social Psychology*, May 2000, pp. 170-89.

S. J. Behson, "Using Relative Weights to Reanalyze 'Settled' Areas of Organizational Behavior Research: The Job Characteristics Model and Organizational Justice," *International Journal of Management and Information Systems*, 4th Quarter 2010, pp. 43-49.

J. Sutherland, "Job Attribute Preferences: Who Prefers What?" *Employee Relations*, vol. 33, no. 3, 2011, pp. 193-221.

진실 18

C. R. Mill, "Feedback: The Art of Giving and Receiving Help," in L. Porter and C. R. Mill (eds.), *The Reading Book for Human Relations Training* (Bethel: ME: NTL Institute for Applied Behavioral Science, 1976), pp. 18-19.

L. L. Cummings, "Appraisal Purpose and the Nature, Amount, and Frequency of Feedback," paper presented at the American Psychological Association meeting, Washington, DC, September 1976.

D. Ilgen, C. D. Fisher, and M. S. Taylor, "Consequences of Individual Feedback on Behavior in Organizations," *Journal of Applied Psychology*, August 1979, pp. 349-71.

진실 19

"The Cop-Out Cops," *National Observer*, August 3, 1974.

S. Kerr, "On the Folly of Rewarding A, While Hoping for B," *Academy of Management Executive*, February 1995, pp. 7-14.

진실 20

J. S. Adams, "Inequity in Social Exchanges," in L. Berkowitz (ed.), *Advances in Experimental Social Psychology* (New York: Academic Press, 1965), pp. 267-300.

R. T. Mowday, "Equity Theory Predictions of Behavior in Organizations," in R. Steers, L. W. Porter, and G. Bigley (eds.), *Motivation and Work Behavior*, 6th ed. (New York: McGraw Hill, 1996), pp. 111-31.

S. Werner and N. P. Mero, "Fair or Foul? The Effects of External, Internal, and Employee Equity on Changes in Performance of Major League Baseball Players," *Human Relations*, October 1999, pp. 1291-1312.

M. M. Harris, F. Anseel, and F. Lievens, "Keeping Up with the Joneses: A Field Study of the Relationships Among Upward, Lateral, and Downward Comparisons and Pay Level Satisfaction," *Journal of Applied Psychology*, May 2008, pp. 665-73.

T. H. Shore and J. Strauss, "Effects of Pay and Productivity Comparisons in the Workplace on Employee Attitudes: An Experimental Investigation," *International Journal of Management*, June 2012, pp. 677-86.

진실 21

B. Nelson, "Try Praise," *INC.*, September 1996, p. 115.

B. Leonard, "The Key to Unlocking an Inexpensive Recognition Plan," *HR Magazine*, October 1999, p. 26.

F. Luthans and A. D. Stajkovic, "Provide Recognition for Performance Improvement," in E. A. Locke (ed.), *Handbook of Principles of Organizational Behavior* (Maiden, MA: Blackwell, 2004), pp. 166-80.

N. Shiraz, M. Rashid, and A. Riza, "The Impact of Reward and Recognition Programs on Employee's Motivation and Satisfaction," *Interdisciplinary Journal of Contemporary Research in Business*, July 2011, pp. 1428-32.

R. R. Hastings, "Recognition Practices Could Be Improved," *HR Magazine*, August 2011, p. 22.

A. Palmer, "Planners Are Using a Wide Range of Awards," *Incentive*, November/December

2011, p. 9.

P. Stewart, "Greet Your Team with Thanks and Praise," *Firstline*, November 2011, pp. 10-13.

K. Koster, "Mind Over Matter: Behavioral Psychology Plays a Key Role in Crafting Meaningful and Effective Employee Recognition Programs," *Employee Benefit News*, March 1, 2013, p. 26.

진실 22

M. Blumberg and C. D. Pringle, "The Missing Opportunity in Organizational Research: Some Implications for a Theory of Work Performance," *Academy of Management Review*, October 1982, pp. 560-69.

J. Hall, "Americans Know How to Be Productive If Managers Will Let Them," *Organizational Dynamics*, Winter 1994, pp. 33-46.

H. Lingard and V. Francis, "Does a Supportive Work Environment Moderate the Relationship Between Work-Family Conflict and Burnout Among Construction Professionals?" *Construction Management & Economics*, vol. 24, no. 2, 2006, pp. 185-96.

진실 23

J. K. Harter, F. L. Schmidt, and T. L. Hayes, "Business-Unit-Level Relationship Between Employee Satisfaction, Employee Engagement, and Business Outcomes: A Meta-Analysis," *Journal of Applied Psychology*, April 2002, pp. 268-79.

B. L. Rich, J. A. Lepine, and E. R. Crawford, "Job Engagement: Antecedents and Effects on Job Performance," *Academy of Management Journal*, June 2010, pp. 617-35.

P. Brotherton, "Employee Loyalty Slipping Worldwide; Respect, Work-Life Balance Are Top Engagers," *T+D*, February 2012, p. 24.

S. K. Aityan and T. K. P. Gupta, "Challenges of Employee Loyalty in Corporate America," *Business and Economic Journal*, March 2012, pp. 1-13.

"Declining Employee Loyalty: A Casualty of the New Workplace," knowledge@wharton, May 9, 2012.

J. Anitha, "Determinants of Employee Engagement and Their Impact on Employee Performance," *International Journal of Productivity and Performance Management*, vol. 63, no. 3, 2014, pp. 308-23.

A. H. Johnson, "Employee Engagement: Lessons Learned from the U.S. 2013 Glassdoor Best Places to Work Employee Choice Award Leaders," *Journal of American Academy of Business*, Cambridge, March 2014, pp. 102-08.

진실 24

R. D. Arvey, M. Rotundo, W. Johnson, Z. Zhang, and M. McGue, "The Determinants of Leadership Role Occupancy: Genetic and Personality Factors," *Leadership Quarterly*, February 2006, pp. 1-20.

J. A. Andersen, "Leadership, Personality and Effectiveness," *Journal of Socio-Economics*, December 2006, pp. 1078-91.

R. G. Lord, C. L. DeVader, and G. M. Alliger, "A Meta-Analysis of the Relation Between Personality Traits and Leadership Perceptions: An Application of Validity Generalization Procedures," *Journal of Applied Psychology*, August 1986, pp. 402-10.

A. H. Eagly, M. C. Johannesen-Schmidt, and M. L. van Engen, "Transformational, Transactional, and Laissez-Faire Leadership Styles: A Meta-Analysis Comparing Women and Men," *Psychological Bulletin*, July 2003, pp. 569-91.

H. Mintzberg, *Managers Not MBAs: A Hard Look at the Soft Practice of Managing and Management Development* (San Francisco: Berrett-Koehler, 2005).

S. Kerr and J. M. Jermier, "Substitutes for Leadership: Their Meaning and Measurement," *Organizational Behavior and Human Performance*, December 1978, pp. 375-403.

M. K. Muchiri and R. W. Cooksey, "Examining the Effects of Substitutes for Leadership on Performance Outcomes," *Leadership & Organization Development Journal*, vol. 32, no. 8, 2011, pp. 817-36.

진실 25

F. Bartolome, "Nobody Trusts the Boss Completely—Now What?" *Harvard Business Review*, March-April 1989, pp. 135-42.

P. L. Schindler and C. C. Thomas, "The Structure of Interpersonal Trust in the Workplace," *Psychological Reports*, October 1993, pp. 563-73.

K. T. Dirks and D. L. Ferrin, "Trust in Leadership: Meta-Analytic Findings and Implications for Research and Practice," *Journal of Applied Psychology*, August 2002, pp. 611-28.

R. Galford and A. S. Drapeau, *The Trusted Leader* (New York: Free Press, 2003).

F. D. Schoorman, R. C. Mayer, and J. H. Davis, "An Integrative Model of Organizational Trust: Past, Present, and Future," *Academy of Management Review*, April 2007, pp. 344-54.

H. H. Brower, S. W. Lester, M. A. Korsgaard, and B. R. Dineen, "A Closer Look at Trust Between Managers and Subordinates: Understanding the Effects of Both Trusting and Being Trusted on Subordinate Outcomes," *Journal of Management*, March 2009, pp. 327-47.

R. Sharkie, "Trust in Leadership Is Vital for Employee Performance," *Management Research News*, vol. 32, no. 5, 2009, pp. 491-98.

진실 26

F. E. Fiedler, "Leadership Experience and Leadership Performance: Another Hypothesis Shot to Hell," *Organizational Behavior and Human Performance,* January 1970, pp. 1-14.

F. E. Fiedler, "Time-Based Measures of Leadership Experience and Organizational Performance: A Review of Research and a Preliminary Model," *Leadership Quarterly*, Spring 1992, pp. 5-23.

M. A. Quinones, J. K. Ford, and M. S. Teachout, "The Relationship Between Work Experience and Job Performance: A Conceptual and Meta-Analytic Review," *Personnel Psychology*, Winter 1995, pp. 887-910.

진실 27

R. M. Entman, "Framing: Toward Clarification of a Fractured Paradigm," *Journal of Communication*, Autumn 1993, pp. 51-58.

G. T. Fairhurst and R. A. Sarr, *The Art of Framing: Managing the Language of Leadership* (San Francisco: Jossey-Bass, 1996).

G. T. Fairhurst, *The Power of Framing: Creating the Language of Leadership* (San Francisco: Jossey-Bass, 2011).

진실 28

D. Eden and A. B. Shani, "Pygmalion Goes to Boot Camp: Expectancy, Leadership, and Trainee Performance," *Journal of Applied Psychology*, April 1982, pp. 194-99.

D. Eden, "Leadership and Expectations: Pygmalion Effects and Other Self-Fulfilling Prophecies in Organizations," *Leadership Quarterly*, Winter 1992, pp. 271-305.

N. M. Kierein and M. A. Gold, "Pygmalion in Work Organizations: A Meta-Analysis," *Journal of Organizational Behavior*, December 2000, pp. 913-28.

D. Eden, "Self-Fulfilling Prophecies in Organizations," in J. Greenberg (ed.), *Organizational Behavior: The State of the Science*, 2nd ed. (Mahwah, NJ: Erlbaum, 2003), pp. 91-122.

X. M. Bezuijen, P. T. van den Berg, K. van Dam, and H. Thierry, "Pygmalion and Employee Learning: The Role of Leader Behaviors," *Journal of Management*, October 2009, pp. 1248-67.

진실 29

J. A. Conger and R. N. Kanungo (eds.), *Charismatic Leadership in Organizations* (Thousand

Oaks, CA: Sage, 1998).

J. M. Howell and P. J. Frost, "A Laboratory Study of Charismatic Leadership," *Organizational Behavior and Human Decision Processes*, April 1989, pp. 243-69.

A. J. Towler, "Effects of Charismatic Influence Training on Attitudes, Behavior, and Performance," *Personnel Psychology*, Summer 2003, pp. 363-81.

진실 30

R. J. House and R. N. Adiya, "The Social Scientific Study of Leadership: Quo Vadis?" *Journal of Management*, June 1997, p. 441.

J. Collins, "Level 5 Leadership: The Triumph of Humility and Fierce Resolve," *Harvard Business Review*, January 2001, pp. 67-76.

R. Khurana, *Searching for a Corporate Savior: The Irrational Quest for Charismatic CEOs* (Princeton, NJ: Princeton University Press, 2002).

J. A. Raelin, "The Myth of Charismatic Leaders," *Training & Development*, March 2003, pp. 47-54.

D. Baines, "The Dark Side of Charisma," *Canadian Business*, May 22-June 4, 2006, pp. 142-43.

T. A. Judge, R. F. Piccolo, and T. Kosalka, "The Bright and Dark Sides of Leader Traits: A Review and Theoretical Extension of the Leader Trait Paradigm," *Leadership Quarterly*, December 2009, pp. 855-75.

D. Y. Hunter, "Wolf in Sheep's Clothes: The Dark Side of Charismatic Leaders and Supportive Followers in Crisis," *Journal of American Academy of Business, Cambridge*, March 2013, pp. 54-61.

진실 31

R. E. Emerson, "Power-Dependence Relations," *American Sociological Review*, vol. 27 (1962), pp. 31-41.

H. Mintzberg, *Power In and Around Organizations* (Upper Saddle River, NJ: Prentice Hall, 1983).

G. Yukl, "Use Power Effectively to Influence People," in E. Locke (ed.), *Handbook of Principles of Organizational Behavior: Indispensable Knowledge for Evidence-Based Management*, 2nd ed. (Hoboken, NJ: Wiley, 2009), pp. 349-66.

B. G. Voyer and B. McIntosh, "The Psychological Consequences of Power on Self-Perception: Implications for Leadership," *Leadership & Organization Development Journal*, vol.

34, no. 7, 2013, pp. 639-60.

진실 32

D. Farrell and J. C. Petersen, "Patterns of Political Behavior in Organizations," *Academy of Management Review*, July 1982, p. 405.

C-H Chang, C. C. Rosen, and P. E. Levy, "The Relationship Between Perceptions of Organizational Politics and Employee Attitudes, Strain, and Behavior: A Meta-Analytic Examination," *Academy of Management Journal*, August 2009, pp. 779-801.

M. Kilduff, D. S. Chiaburu, and J. I. Menges, "Strategic Use of Emotional Intelligence in Organizational Settings: Exploring the Dark Side," in A. Brief and B. Staw (eds.), *Research in Organizational Behavior*, vol. 30, 2010, pp. 129-52.

"Social Studies," *Bloomberg Businessweek*, June 14, 2010, pp. 72-73.

I. Kapoutsis, A. Papalexandris, A. Nikolopoulos, W. A. Hochwarter, and G. R. Ferris, "Politics Perceptions as Moderator of the Political Skill-Job Performance Relationship: A Two-Study, Cross-National, Constructive Replication," *Journal of Vocational Behavior*, February 2011, pp. 123-35.

G. Gotsis and Z. Kortezi, "Bounded Self-Interest: A Basis for Constructive Organizational Politics," *Management Research Review*, vol. 34, no. 4, 2011, pp. 450-76.

M. N. Bing, H. K. Davison, I. Minor, M. M. Novicevic, and D. D. Frink, "The Prediction of Task and Contextual Performance by Political Skill: A Meta-Analysis and Moderator Test," *Journal of Vocational Behavior*, October 2011, pp. 563-77.

J. Pfeffer, "Don't Dismiss Office Politics—Teach It," *Wall Street Journal*, October 24, 2011, p. R6.

G. Blickle, J. John, G. R. Ferris, and T. Momm, "Fit of Political Skill to the Work Context: A Two-Study Investigation," *Applied Psychology*, April 2012, pp. 295-322.

진실 33

R. M. Fulmer, "The Challenge of Ethical Leadership," *Organizational Dynamics*, August 2004, pp. 307-17.

D. Seidman, "The Case for Ethical Leadership," *Academy of Management Executive*, May 2004, pp. 134-38.

D. van Knippenberg, D. De Cremer, and B. van Knippenberg, "Leadership and Fairness: The State of the Art," *European Journal of Work and Organizational Psychology*, vol. 16, no. 2, 2007, pp. 113-40.

W. Isaacson, *Steve Jobs* (New York: Simon & Schuster, 2011).

J. B. Avey, T. S. Wernsing, and M. E. Palanski, "Exploring the Process of Ethical Leadership: The Mediating Role of Employee Voice and Psychological Ownership," *Journal of Business Ethics*, April 2012, pp. 21-34.

S. M. Bello, "Impact of Ethical Leadership on Employee Job Performance," *International Journal of Business and Social Science*, June 2012, pp. 228-36.

J. M. Schaubroeck, S. T. Hannah, B. J. Avolio, S. W. J. Kozlowski, R. G. Lord, L. K. Trevino, N. Dimotakis, and A. C. Peng, "Embedding Ethical Leadership Within and Across Organization Levels," *Academy of Management Journal*, October 2012, pp. 1053-78.

진실 34

B. J. Avolio and S. S. Kahai, "Adding the 'E' to E-Leadership: How It May Impact Your Leadership," *Organizational Dynamics*, January 2003, pp. 325-38.

S. J. Zaccaro and P. Bader, "E-Leadership and the Challenges of Leading E-Teams: Minimizing the Bad and Maximizing the Good," *Organizational Dynamics*, January 2003, pp. 381-85.

J. M. Howell, D. J. Neufeld, and B. J. Avolio, "Examining the Relationship of Leadership and Physical Distance with Business Unit Performance," *Leadership Quarterly*, April 2005, pp. 273-85.

A. Trivedi and J. Desai, "A Review of Literature on E-Leadership," *SSRN Working Paper Series*, November 2012.

D. J. Dennis, D. Meola, and M. J. Hall, "Effective Leadership in a Virtual Workforce," *T+D*, February 2013, pp. 46-51.

G. B. Schmidt, "Virtual Leadership: An Important Leadership Context," *Industrial and Organizational Psychology*, June 2014, pp. 182-87.

진실 35

K. W. Smola and C. D. Sutton, "Generational Differences: Revisiting Generational Work Values for the New Millennium," *Journal of Organizational Behavior*, June 2002, pp. 363-82.

B. Tulgan, *Not Everyone Gets a Trophy: How to Manage Generation Y* (San Francisco: Jossey-Bass, 2009).

N. R. Lockwood, F. R. Cepero, and S. Williams, *The Multigenerational Workforce* (Alexandria, VA: Society for Human Resource Management, 2009).

J. W. Gibson, R. A. Greenwood and E. F. Murphy Jr., "Generational Differences in the

Workplace: Personal Values, Behaviors, and Popular Beliefs," *Journal of Diversity Management*, Third Quarter 2009, pp. 1-7.

L. Kwoh, "Firms Bow to Generation Y's Demands," *Wall Street Journal*, August 22, 2012, p. B6.

C. Thompson and J. B. Gregory, "Managing Millennials: A Framework for Improving Attraction, Motivation, and Retention," *The Psychologist-Manager Journal,* October 2012, pp. 237-46.

J. Stein, "The New Greatest Generation," *Time*, May 20, 2013, pp. 27-34.

진실 36

M. Murray, *Beyond the Myths and Magic of Mentoring: How to Facilitate an Effective Mentoring Process*, rev. ed. (New York: Wiley, 2001).

C. R. Wanberg, E. T. Welsh, and S. A. Hezlett, "Mentoring Research: A Review and Dynamic Process Model," in G. R. Ferris and J. J. Martocchio (eds.), *Research in Personnel and Human Resources Management*, vol. 22 (Greenwich, CT: Elsevier Science, 2003), pp. 39-124.

진실 37

"Military-Style Management in China," *Asia Inc.*, March 1995, p. 70.

M. F. Peterson and J. G. Hunt, "International Perspectives on International Leadership," *Leadership Quarterly*, Fall 1997, pp. 203-31.

R. J. House, M. Javidan, P. Hanges, and P. Dorfman, "Understanding Cultures and Implicit Leadership Theories Across the Globe: An Introduction to Project GLOBE," *Journal of World Business*, Spring 2002, pp. 3-10.

U. D. Jogulu, "Culturally-Linked Leadership Styles," *Leadership & Organization Development Journal*, vol. 31, no. 8, 2010, pp. 705-19.

V. Taras, P. Steel, and B. L. Kirkman, "Three Decades of Research on National Culture in the Workplace: Do the Differences Still Make a Difference?" *Organizational Dynamics*, July-September 2011, pp. 189-98.

진실 38

C. R. Rogers and R. E. Farson, *Active Listening* (Chicago, IL: Industrial Relations Center at the University of Chicago, 1976).

H. Kirschenbaum and V. L. Henderson (eds), *The Carl Rogers Reader* (New York: Houghton

Mifflin, 1989).

M. Moulic, "Developing Effective Listening Skills to Enhance Professional Efficiency," *IAMURE International Journal of Business and Management*, July 2012, pp. 64-86.

B. T. Ferrari, *Power Listening: Mastering the Most Critical Business Skill of All* (New York: Portfolio Hardcover, 2012).

J. Keyser, "Active Listening Leads to Business Success," *T+D*, July 2013, p. 67+.

진실 39

R. L. Rosnow and G. A. Fine, *Rumor and Gossip: The Social Psychology of Hearsay* (New York: Elsevier, 1976).

L. Hirschhorn, "Managing Rumors," in L. Hirschhorn (ed.), *Cutting Back* (San Francisco: Jossey-Bass, 1983).

B. McKay, "At Coke, Layoffs Inspire All Manner of Peculiar Rumors," *Wall Street Journal*, October 17, 2000, p. A1.

N. B. Kurland and L. H. Pelled, "Passing the Word: Toward a Model of Gossip and Power in the Workplace," *Academy of Management Review*, April 2000, pp. 428-38.

G. Michelson, A. van Iterson, and K. Waddington, "Gossip in Organizations: Contexts, Consequences, and Controversies," *Group and Organization Management*, August 2010, pp. 371-90.

T. J. Grosser, V. Lopez-Kidwell, G. Labianca, and L. Ellwardt, "Hearing It Through the Grapevine: Positive and Negative Workplace Gossip," *Organizational Dynamics*, January-March 2012, pp. 52-61.

진실 40

D. Tannen, *You Just Don't Understand: Women and Men in Conversation* (New York: Ballentine Books, 1991).

D. Tannen, *Talking from 9 to 5* (New York: William Morrow, 1995).

D. Tannen, "Talking Past One Another: 'But What Do You Mean?' Women and Men in Conversation," in J. M. Henslin (ed.), *Down to Earth Sociology: Introductory Readings*, 12th ed. (New York: Free Press, 2003), pp. 175-81.

A. Wooley and T. Malone, "Defend Your Research: What Makes a Team Smarter? More Women," *Harvard Business Review*, June 2011, pp. 32-33.

진실 41

A. Bandura, *Social Learning Theory* (Upper Saddle River, NJ: Prentice Hall, 1977).

진실 42

C. C. Pinder and K. P. Harlos, "Employee Silence: Quiescence and Acquiescence as Responses to Perceived Injustice," in G. R. Ferris (ed.), *Research in Personnel and Human Resources Management*, vol. 21 (Greenwich, CT: JAI Press, 2001).

F. J. Millken, E. W. Morrison, and P. F. Hewlin, "An Exploratory Study of Employee Silence: Issues That Employees Don't Communicate Upward and Why," *Journal of Management Studies*, September 2003, pp. 1453-76.

J. Donaghey, N. Cullinane, T. Dundon, and A. Wilkinson, "Reconceptualising Employee Silence: Problems and Prognosis," *Work, Employment & Society*, March 2011, pp. 51-67.

M. Knoll and R. van Dick, "Do I Hear the Whistle…? A First Attempt to Measure Four Forms of Employee Silence and Their Correlates," *Journal of Business Ethics*, March 2013, pp. 349-62.

C. T. Brinsfield, "Employee Silence Motives: Investigation of Dimensionality and Development of Measures," *Journal of Organizational Behavior*, July 2013, pp. 671-97.

진실 43

Q. R. Jett and J. M. George, "Work Interrupted: A Closer Look at the Role of Interruptions in Organizational Life," *Academy of Management Review*, July 2003, pp. 494-507.

B. L. S. Coker, "Freedom to Surf: The Positive Effects of Workplace Internet Leisure Browsing," *New Technology, Work, and Employment*, November 2011, pp. 238-47.

J. Wajcman and E. Rose, "Constant Connectivity: Rethinking Interruptions at Work," *Organization Studies*, July 2011, pp. 941-61.

"Productivity Costs: Collaboration, Social Tools Cost $10,375 Per Person Annually in Lost Productivity," *The Controller's Report*, August 2011.

"Digital Interruptions Resulting in Loss of Productivity, According to Survey by Social E-Mail Software Firm," *Telecomworldwide*, May 18, 2011.

S. Sussman, N. Lisha, and M. Griffiths, "Prevalence of the Addictions: A Problem of the Majority or the Minority?" *Evaluation & the Health Professions*, March 2011, pp. 3-56.

A. Field, "Turning Off Email, Turning Up Productivity," *Workforce*, February 29, 2012.

R. E. Silverman, "Here's Why You Won't Finish This Article," *Wall Street Journal*, December

12, 2012, p. B1.

진실 44

M. A. Campion, E. M. Papper, and G. J. Medsker, "Relations Between Work Team Characteristics and Effectiveness: A Replication and Extension," *Personnel Psychology*, Summer 1996, pp. 429-52.

D. E. Hyatt and T. M. Ruddy, "An Examination of the Relationship Between Work Group Characteristics and Performance: Once More into the Breach," *Personnel Psychology*, Autumn 1997, pp. 553-85.

S. G. Cohen and D. E. Bailey, "What Makes Teams Work: Group Effectiveness Research from the Shop Floor to the Executive Suite," *Journal of Management*, June 1997, pp. 239-90.

G. A. Neuman and J. Wright, "Team Effectiveness: Beyond Skills and Cognitive Ability," *Journal of Applied Psychology*, June 1999, pp. 376-89.

P. J. Hinds, K. M. Carley, D. Krackhardt, and D. Wholey, "Choosing Work Group Members: Balancing Similarity, Competence, and Familiarity," *Organizational Behavior and Human Decision Processes*, March 2000, pp. 226-51.

G. L. Stewart and M. R. Barrick, "Team Structure and Performance: Assessing the Mediating Role of Intrateam Process and the Moderating Role of Task Type," *Academy of Management Journal*, April 2000, pp. 135-48.

J. R. Hackman, *Leading Teams: Setting the Stage for Great Performance* (Boston: Harvard Business School Press, 2002).

M. A. G. Peeters, H. F. J. M. Van Tuijl, C. G. Rutte, and I. M. M. J. Reymen, "Personality and Team Performance: A Meta-Analysis," *European Journal of Personality*, August 2006, pp. 377-96.

J. R. Mesmer-Magnus and L. A. DeChurch, "Information Sharing and Team Performance: A Meta-Analysis," *Journal of Applied Psychology*, March 2009, pp. 535-46.

진실 45

S. J. Karau and K. D. Williams, "Social Loafing: A Meta-Analytic Review and Theoretical Integration," *Journal of Personality and Social Psychology*, October 1993, pp. 681-706.

D. R. Comer, "A Model of Social Loafing in Real Work Groups," *Human Relations*, June 1995, pp. 647-67.

S. M. Murphy, S. J. Wayne, R. C. Liden, and B. Erdogan, "Understanding Social Loafing: The Role of Justice Perceptions and Exchange Relationships," *Human Relations*, January 2003, pp. 61-84.

R. C. Liden, S. J. Wayne, R. A. Jaworski, and N. Bennett, "Social Loafing: A Field Investigation," *Journal of Management*, April 2004, pp. 285-304.

B. Latane, K. Williams, and S. Harkins, "Many Hands Make Light the Work: The Causes and Consequences of Social Loafing," in J. M. Levine and R. L. Moreland (eds.), *Small Groups* (New York: Psychology Press, 2006).

A. Simms and T. Nichols, "Social Loafing: A Review of the Literature," *Journal of Management Policy and Practice*, February 2014, pp. 58-67.

진실 46

R. A. Guzzo and G. P. Shea, "Group Performance and Intergroup Relations in Organizations," in M. D. Dunnette and I. M. Hough (eds.), *Handbook of Industrial & Organizational Psychology*, 2nd ed., vol. 3 (Palo Alto, CA: Consulting Psychologists Press, 1992), pp. 288-90.

W. E. Watson, K. Kumar, and L. K. Michaelsen, "Cultural Diversity's Impact on Interaction Process and Performance: Comparing Homogeneous and Diverse Task Groups," *Academy of Management Journal*, June 1993, pp. 590-602.

S. E. Jackson, K. E. May, and K. Whitney, "Understanding the Dynamics of Diversity in Decision Making Teams," in R. A. Guzzo and E. Salas (eds.), *Team Effectiveness and Decision Making in Organizations* (San Francisco: Jossey-Bass, 1995), pp. 204-61.

K. A. Jehn, G. B. Northcraft, and M. A. Neale, "Why Differences Make a Difference: A Field Study of Diversity, Conflict, and Performance in Workgroups," *Administrative Science Quarterly*, December 1999, pp. 741-63.

A. Joshi and H. Roh, "The Role of Context in Work Team Diversity Research: A Meta-Analytic Review," *Academy of Management Journal*, June 2009, pp. 599-627.

A. M. McMahon, "Does Workplace Diversity Matter? A Survey of Empirical Studies on Diversity and Firm Performance, 2000-09," *Journal of Diversity Management*, Second Quarter 2010, pp. 37-48.

N. Ayub and K. Jehn, "When Diversity Helps Performance: Effects of Diversity on Conflict and Performance in Workgroups," *International Journal of Conflict Management*, vol. 25, no. 2, 2014, pp. 189-212.

진실 47

J. Berger, M. H. Fisek, R. Z. Norman, and M. Zelditch, *Status Characteristics and Social Interaction: An Expected States Approach* (New York: Elsevier, 1977).

J. Greenberg, "Equity and Workplace Status: A Field Experiment," *Journal of Applied*

Psychology, November 1988, pp. 606-13.

B. Headlam, "How to E-Mail Like a C.E.O.," *New York Times Magazine*, April 8, 2001, pp. 7-8.

M. Rubin, "Group Status Is Related to Group Prototypicality in the Absence of Social Identity Concerns," *The Journal of Social Psychology*, vol. 152, no. 3, 2012, pp. 386-89.

A. J. Bianchi, S. M. Kang, and D. Stewart, "The Organizational Selection of Status Characteristics: Status Evaluations in an Open Source Community," *Organization Science*, March/April 2012, pp. 341-54.

진실 48

A. Sinclair, "The Tyranny of a Team Ideology," *Organization Studies*, vol. 13, no. 4, 1992, pp. 611-26.

J. Prieto, "The Team Perspective in Selection and Assessment," in H. Schuler, J. L. Farr, and M. Smith (eds.), *Personnel Selection and Assessment: Industrial and Organizational Perspectives* (Hillsdale, NJ: Erlbaum, 1994).

A. B. Drexler and R. Forrester, "Teamwork—Not Necessarily the Answer," *HR Magazine*, January 1998, pp. 55-58.

C. E. Naquin and R. O. Tynan, "The Team Halo Effect: Why Teams Are Not Blamed for Their Failures," *Journal of Applied Psychology*, April 2003, pp. 332-40.

J. E. Diskell, G. F. Goodwin, E. Salas, and P. G. O'Shea, "What Makes a Good Team Player? Personality and Team Effectiveness," *Group Dynamics: Theory, Research, and Practice*, December 2006, pp. 249-71.

진실 49

S. P. Robbins, *Managing Organizational Conflict: A Nontraditional Approach* (Upper Saddle River, NJ: Prentice Hall, 1974).

K. A. Jehn, "A Qualitative Analysis of Conflict Types and Dimensions in Organizational Groups," *Administrative Science Quarterly*, September 1997, pp. 530-57.

C. K. W. DeDreu and L. R. Weingart, "Task Versus Relationship Conflict, Team Performance, and Team Member Satisfaction: A Meta-Analysis," *Journal of Applied Psychology*, August 2003, pp. 741-49.

F. R. C. de Wit, L. L. Greer, and K. A. Jehn, "The Paradox of Intragroup Conflict: A Meta-Analysis," *Journal of Applied Psychology*, March 2012, pp. 360-90.

L. A. DeChurch, J. R. Mesmer-Magnus, and D. Doty, "Moving Beyond Relationship and

Task Conflict: Toward a Process-State Perspective," *Journal of Applied Psychology*, July 2013, pp. 559-78.

D. Tjosvold, A. S. H. Wong, and N. Y. F. Chen, "Constructively Managing Conflict," in F. P. Morgeson (ed.), *Annual Review of Organizational Psychology and Organizational Behavior*, vol. 1 (Palo Alto, CA: Annual Reviews, 2014), pp. 545-68.

진실 50

I. L. Janis, *Groupthink: Psychological Studies of Policy Decisions and Fiascoes*, 2nd ed. (Boston: Houghton Mifflin, 1982).

W. Park, "A Review of Research on Groupthink," *Journal of Behavioral Decision Making*, July 1990, pp. 229-45.

G. Moorhead, R. Ference, and C. P. Neck, "Group Decision Fiascos Continue: Space Shuttle Challenger and a Revised Groupthink Framework," *Human Relations*, May 1991, pp. 539-50.

W. W. Park, "A Comprehensive Empirical Investigation of the Relationships Among Variables of the Groupthink Model," *Journal of Organizational Behavior*, December 2000, pp. 873-87.

"United States Senate Select Committee on Intelligence: Report on Pre-Iraq War Intelligence," CBC News Online, July 9, 2004.

G. Hassan, "Groupthink Principles and Fundamentals in Organizations," *Interdisciplinary Journal of Contemporary Research in Business*, December 2013, pp. 225-40.

진실 51

P. Cappelli, J. Constantine, and C. Chadwick, "It Pays to Value Family: Work and Family Tradeoffs Reconsidered," *Industrial Relations*, April 2000, pp. 175-98.

R. C. Barnett and D. T. Hall, "How to Use Reduced Hours to Win the War for Talent," *Organizational Dynamics*, vol. 29, no. 3, 2001, pp. 192-210.

M. T. Ford, B. A. Heinen, and K. L. Langkamer, "Work and Family Satisfaction and Conflict: A Meta-Analysis of Cross-Domain Relations," *Journal of Applied Psychology*, January 2007, pp. 57-80.

C. Darcy, A. McCarthy, J. Hill, and G. Grady, "Work-Life Balance: One Size Fits All? An Exploratory Analysis of the Differential Effects of Career Stage," *European Management Journal*, April 2012, pp. 111-20.

M. M. Butts, W. J. Casper, and T. S. Yang, "How Important Are Work-Family Support Policies? A Meta-Analytic Investigation of Their Effects on Employee Outcomes," *Journal of Applied Psychology*, January 2013, pp. 1-25.

J. Smith, "25 Big Companies with the Best Work-Life Balance," www.forbes.com, June 2, 2013.

T. D. Allen, R. C. Johnson, K. M. Kiburz, and K. M. Shockley, "Work-Family Conflict and Flexible Work Arrangements: Deconstructing Flexibility," *Personnel Psychology*, Summer 2013, pp. 345-76.

G. E. Miller, "The U.S. Is the Most Overworked Developed Nation in the World—Where Do We Draw the Line?" 20somethingfinance.com, July 20, 2014.

진실 52

R. Fisher and W. Ury, *Getting to Yes: Negotiating Agreement Without Giving In* (New York: Penguin Books, 1986).

L. Thompson and G. J. Leonardelli, "Why Negotiation Is the Most Popular Business School Course," *Ivey Business Journal Online*, July-August 2004.

L. Thompson, *The Truth About Negotiations* (Upper Saddle River, NJ: Prentice Hall PTR, 2008).

진실 53

R. J. Burke, "Why Performance Appraisal Systems Fail," *Personnel Administration*, June 1972, pp. 32-40.

H. H. Meyer, "A Solution to the Performance Appraisal Feedback Enigma," *Academy of Management Executive*, February 1991, pp. 68-76.

B. Nelson, "Are Performance Appraisals Obsolete?" *Compensation and Benefits Review*, May/June 2000, pp. 39-42.

B. Hite, "Employers Rethink How They Give Feedback," *Wall Street Journal*, October 13, 2008, p. B5.

진실 54

H. H. Kelley, *Attributions in Social Interaction* (New York: General Learning Press, 1971).

M. J. Martinko (ed.), *Attribution Theory: An Organizational Perspective* (Delray Beach, FL: St. Lucie Press, 1995).

P. Harvey, K. Madison, M. Martinko, T. R. Crook, and T. A. Crook, "Attribution Theory in the Organizational Sciences: The Road Traveled and the Path Ahead," *Academy of Management Perspectives*, May 2014, pp. 128-46.

진실 55

A. Tversky and D. Kahneman, "Judgment Under Uncertainty: Heuristics and Biases," *Science*, September 1974, pp. 1124-31.

S. Plous, *The Psychology of Judgment and Decision Making* (New York: McGraw Hill, 1993).

S. P. Robbins, *Decide & Conquer: The Ultimate Guide for Improving Your Decision Making* (Upper Saddle River, NJ: FT Press, 2015).

진실 56

S. L. Robinson and R. J. Bennett, "A Typology of Deviant Workplace Behaviors: A Multidimensional Scaling Study," *Academy of Management Journal*, April 1995, pp. 555-72.

P. D. Dunlop and K. Lee, "Workplace Deviance, Organizational Citizenship Behavior, and Business Unit Performance: The Bad Apples Do Spoil the Whole Barrel," *Journal of Organizational Behavior*, February 2004, pp. 67-80.

C. M. Pearson, L. J. Andersson, and C. L. Porath, "Workplace Civility," in S. Fox and P. E. Spector (eds.), *Counterproductive Work Behavior: Investigations of Actors and Targets* (Washington, DC: American Psychological Association, 2005), pp. 177-200.

S. Lim, L. M. Cortina, and V. J. Magley, "Personal and Workgroup Incivility: Impact on Work and Health Outcomes," *Journal of Applied Psychology*, February 2008, pp. 95-107.

C. Moore, J. R. Detert, L. K. Trevino, V. L. Baker, and D. M. Mayer, "Why Employees Do Bad Things: Moral Disengagement and Unethical Organizational Behavior," *Personnel Psychology*, Spring 2012, pp. 1-48.

S. L. Robinson, W. Wang, and C. Kiewitz, "Coworkers Behaving Badly: The Impact of Coworker Deviant Behavior Upon Individual Employees," in F. P. Morgeson (ed.), *Annual Review of Organizational Psychology and Organizational Behavior*, vol. 1 (Palo Alto, CA: Annual Reviews, 2014), pp. 123-43.

진실 57

D. A. Nadler, "The Effective Management of Organizational Change," in J. W. Lorsch (ed.), *Handbook of Organizational Behavior* (Upper Saddle River, NJ: Prentice Hall, 1987), pp. 358-69.

P. Stebel, "Why Do Employees Resist Change?" *Harvard Business Review*, May-June 1996, pp. 86-92.

M. P. del Val and C. M. Fuentes, "Resistance to Change: A Literature Review and Empirical Study," *Management Decision*, vol. 41, no. 1/2, 2003, pp. 148-55.

D. G. Erwin and A. N. Garman, "Resistance to Organizational Change: Linking Research and Practice," *Leadership & Organization Development Journal*, vol. 31, no. 1, 2010, pp. 39-56.

M. H. B. Azad, N. Qadri, B. Ansari, Z. P. Azad, and S. Tabussum, "Resistance to Change: A Blessing or a Curse?" *Interdisciplinary Journal of Contemporary Research in Business*, April 2013, pp. 345-53.

진실 58

J. P. Kotter and L. A. Schlesinger, "Choosing Strategies for Change," *Harvard Business Review*, March-April 1979, pp. 106-14.

J. L. Cotton, *Employee Involvement* (Newbury Park, CA: Sage, 1993).

R. Lines, "Influence of Participation in Strategic Change: Resistance, Organizational Commitment and Change Goal Achievement," *Journal of Change Management*, September 2004, pp. 193-215.

A. Giangreco and R. Peccei, "The Nature and Antecedent of Middle Manager Resistance to Change: Evidence from an Italian Context," *The International Journal of Human Resource Management*, October 2005, pp. 1812-29.

D. G. Erwin and A. N. Garman, "Resistance to Organizational Change: Linking Research and Practice," *Leadership & Organization Development Journal*, vol. 31, no. 1, 2010, pp. 39-56.

진실 59

T. M. Amabile, "How to Kill Creativity," *Harvard Business Review*, September/October 1998, pp. 76-87.

T. M. Amabile and C. M. Fisher, "Stimulating Creativity by Fueling Passion," in E. Locke (ed.), *Handbook of Principles of Organizational Behavior: Indispensable Knowledge for Evidence-Based Management*, 2nd ed. (Hoboken, NJ: Wiley, 2009), pp. 481-98.

J. Shah and B. Ali, "Organizational Climate: Stimulating Creativity and Idea Generation for Discovery of Innovative Solutions," *Interdisciplinary Journal of Contemporary Research in Business*, May 2011, pp. 429-47.

L. Sun, Z. Zhang, J. Qi, and Z. X. Chen, "Empowerment and Creativity: A Cross-Level Investigation," *Leadership Quarterly*, vol. 23, 2012, pp. 55-65.

S. M. Wechsler, C. Vendramini, and T. Oakland, "Thinking and Creative Styles: A Validity Study," *Creativity Research Journal*, April 2012, pp. 235-42.

D. Boyd and J. Goldenberg, "Thinking Inside the Box," *Wall Street Journal*, June 15, 2013, p. C1.

J. Zhou and I. J. Hoever, "Research on Workplace Creativity: A Review and Redirection," in F. P. Morgeson (ed.), *Annual Review of Organizational Psychology and Organizational Behavior*, vol. 1 (Palo Alto, CA: Annual Reviews, 2014), pp. 333-59.

진실 60

D. R. Dalton, W. D. Todor, and D. M. Krackhardt, "Turnover Overstated: The Functional Taxonomy," *Academy of Management Review*, January 1982, pp. 117-23.

M. Abelson and B. Baysinger, "Optimal and Dysfunctional Turnover: Towards an Organizational Level Model," *Academy of Management Review*, April 1984, pp. 331-41.

J. R. Hollenbeck and C. R. Williams, "Turnover Functionality Versus Turnover Frequency: A Note on Work Attitudes and Organizational Effectiveness," *Journal of Applied Psychology*, November 1986, pp. 606-11.

A. C. Glebeek and E. H. Bax, "Is High Employee Turnover Really Harmful? An Empirical Test Using Company Records," *Academy of Management Journal*, April 2004, pp. 277-86.

J. Wallace and K. P. Gaylor, "A Study of the Dysfunctional and Functional Aspects of Voluntary Employee Turnover," *S.A.M. Advanced Management Journal*, Summer 2012, pp. 27-36.

진실 61

D. M. Noer, *Healing the Wounds* (San Francisco, CA: Jossey-Bass, 1993).

S. P. Robbins, "Layoff-Survivor Sickness: A Missing Topic in Organizational Behavior," *Journal of Management Education*, February 1999, pp. 31-43.

S. J. Wells, "Layoff Aftermath," *HR Magazine*, November 2008, pp. 37-41.

A. K. Mishra, K. E. Mishra, and G. M. Spreitzer, "Downsizing the Company Without Downsizing Morale," *MIT Sloan Management Review*, Spring 2009, pp. 29-44.

"Layoff 'Survivor' Stress: How to Manage the Guilt and the Workload," *HR Focus*, August 2009, pp. 4-6.

D. K. Datta, J. P. Guthrie, D. Basuil, and A. Pandev, "Causes and Effects of Employee Downsizing: A Review and Synthesis," *Journal of Management*, January 2010, pp. 281-348.

진실 62

M. E. McGill, *American Business and Quick Fix* (New York: Henry Holt, 1988).

B. M. Staw and L. D. Epstein, "What Bandwagons Bring: Effects of Popular Management

Techniques on Corporate Performance, Reputation, and CEO Pay," *Administrative Science Quarterly*, September 2000, pp. 523-56.

B. Jackson, *Management Gurus and Management Fashions: A Dramatistic Inquiry* (London: Routledge, 2001).

J. W. Gibson and D. V. Tesone, "Management Fads: Emergence, Evolution, and Implications for Managers," *Academy of Management Executive*, November 2001, pp. 122-33.

D. M. Rousseau and S. McCarthy, "Educating Managers from an Evidence-Based Perspective," *Academy of Management Learning & Education*, March 2007, pp. 84-101.